어? 내 뜻대로 안 되네!
청년 요나!

어? 내 뜻대로 안 되네!

청년 요나!

제1판 1쇄 발행 2023년 10월 16일

저　　자	박은규
발 행 인	김용성
기획·편집	박찬익
디 자 인	이명애
제　　작	정준용
보　　급	이대성

펴 낸 곳　도서출판 디사이플
등　　록　2018. 2. 6. 2018-000010호
주　　소　07238 서울특별시 영등포구 국회대로 76길 10
기　　획　(02)2643-9155
구　　입　(02)2643-7290 Fax (02)2643-1877

값 15,000원
ISBN 979-11-90964-18-0 03230

ⓒ 2023, 도서출판 디사이플 all right reserved.

신 저작권법에 의하여 한국 내에서 보호 받는 저작물이므로
무단 전재와 무단 복제를 금합니다.

추천의 글

미래/세대부흥을
이끄는 책

　2023년은 이 나라와 민족을 일깨워 사회체제 자체를 변화시킨 원산대부흥운동 120주년을 맞는 해입니다. 하디 선교사로부터 시작된 대부흥운동의 재현이 필요한 때이기에 회개와 회복을 위한 집회를 준비하였습니다. 이때 메시지를 전할 목회자는 젊은 목회자이고, 알려지지 않은 목회자였으면 좋겠다는 바람을 준비위원회에 전달했습니다. 다음 세대에 대한 고민을 하지만 세대 차이로 인해 접근조차 어려운 상황을 인정한다면 젊은 목회자들을 세워야 하기 때문입니다. 박은규 목사님의 《청년 요나!》를 읽으며 하나님의 준비하심과 기대되는 목회자를 만나는 기쁨에 감사했습니다.

　성경 속의 요나를 통해 청년들이 자신의 상태를 발견하고 이해

하도록 돕고, 신앙 안에서 변화를 도모할 수 있도록 이끄는 통찰력이 드러나는 책입니다. 목회자들의 '말'은 '설교'가 되기 쉬운데 박은규 목사님은 '설교'가 아닌 '공감'하고 '나누며' 발견하고 변화하도록 이야기를 이끌고 있습니다. "하나님의 영, 곧 성령의 임재 안에서 우리는 나의 진실하고 진정한 모습을 비로소 볼 수 있다. 상처와 죄로 인해 숨어 있던 나의 진실한 모습은 하나님의 은혜에 힘입어 서서히 발현되고 마침내 실현된다."홍영택,《나를 바라보다 하나님을 바라보다》, 110쪽는 홍영택 교수님의 말씀에서 그리고 제 고등학교 시절의 경험에서 알 수 있듯 하나님을 만나는 것이 인생의 답입니다.

모든 청소년들, 그들을 위해 고군분투하는 사역자들, 교회학교를 비롯한 가르침의 현장에 계시는 선생님들에게 꼭 필요한 책입니다. 이 책이 미래세대의 부흥을 위한 귀한 밑거름이 되기를 기대하며 기쁨으로 추천합니다.

이 철
기독교대한감리회 감독회장

추천의 글

세대는 변해도 진리는 변하지 않는다

어느 누구도 방황하고 싶은 이들은 없을 것이다. 사람들은 늘 목표가 분명하길 원한다. 인생에서 가야 할 길이 선명하게 보이길 바란다. 그런데 인생이 뜻대로만 되는 것이 아닌 듯 싶다. 안개속을 걸어가는 것 같은 답답함과 막연함이 우리를 조여 올 때가 있다.

아마도 요즘과 같은 시절, 변화무쌍하고, 불확실하며, 복잡하고, 모호한 시대를 살아가고 있는 청년들이라면 더욱 뼈져리게 느끼는 현실이기도 하다. 저자 박은규 목사는 청년들에게 2가지를 제시하고 있다. 하나는 유연함이다. 사고의 폭을 넓어지면 얼마든지 생각과 감정의 유연함을 담보할 수 있을 것이다. 답이 하나뿐이라고 생각한다면 초조하고 조급해 질 수밖에 없다. 유연한 사람이 수시로

변하는 세상에 가장 잘 적응할 수 있는 것이다. 또 하나는 진리의 말씀을 붙잡고 따라가는 것이다. 시대는 변할 지 몰라도 그 시대 속 승자들은 언제나 동일한 진리의 말씀을 붙잡고 있었다. 오늘날에도 마찬가지다. 상황은 다를 수 있다. 그러나 진리의 말씀은 여전하다. 세대를 뛰어넘어 여전히 생명으로 인도하는 진리다.

진리의 말씀을 따라갈 때 우리 인생에 덮여있는 안개가 걷히는 날이 찾아온다. 안개가 걷히지 않는다 할지라도 편안하게 앞으로 걸어갈 수 있다. 안개속에서도 우리의 손을 잡아주시고, 우리의 발걸음을 인도하시는 하나님이 계시기 때문이다.

이 책을 통해서 많은 청년들이 시대가 주는 고민을 조금이나마 덜었으면 좋겠다. 열심히 내용을 따라가며 주어지는 질문들 속에 진지한 대답을 할 때 분명 마음속에 솟아나는 빛줄기를 발견하게 될 것이다. 청년들에게 소망과 유익이 되는 이 책을 집필한 박은규 목사에게 감사의 마음을 갖는다.

강득환
대림감리교회 담임목사

추천의 글

청년들의 정체성을
세워가는 책

　박은규 박사는 이 책에서 시대의 흐름을 읽고, 청년들의 고민을 읽고, 그와 함께 요나서를 읽고 있습니다. 살아 역사하시는 하나님의 말씀인 성경으로 청년을 읽고, 오늘의 청년들로 성경을 읽고 있습니다. 청년 시기를 변동성, 불확실성, 복잡성, 모호성, 4부로 분류하고 각 부를 7장으로 나누어 대화를 전개해 가면서 해결책을 제시하는 방식으로 4주 28일 동안 청년들과 함께 나눌 수 있는 좋은 소재를 제공하고 있습니다. '혼돈, 공허, 흑암, 깊음' 가운데 '창조'의 역사창 1:1-2가 일어난 것처럼, 청년기는 오히려 역설적으로 창조적인 역사가 일어나는 시기입니다. 변하는 세상에서 변함없는 말씀으로 청년들의 바른 정체성을 세워가는 이 책에 1개월은 충분히 투자

할 가치가 있다고 생각됩니다.

　포스트모던 시대에 사는 사람들은 자유분방하고, 모든 것에 자기가 기준이 되는 이기적 개인주의, 물질적 세속적 가치에 매몰되어 살아가고 있습니다. 초월적 법이나 도덕적 의무, 옳고 그름에 대한 바른 기준이 결여되어 있는 시대입니다. 이때 청년들을 일깨우고 바로 세우는 것만큼 중차대한 일은 없습니다. 이 책은 청년들이 공감할 수 있는 언어로, 저들의 의심이나 질문에 응답하면서, 저들이 이미 알고 있는 것을 통해 대화하고, 저들이 진정으로 갈망하는 것들을 제시하는 탁월한 책입니다. 저자의 풍부한 독서력, 편집력, 창의력, 영력도 돋보입니다.

　이 책은 청년들이 외면의 레이더에 포착되는 것을 잡으려고 쫓겨 다니는 삶이 아니라 내면의 나침반이 가리키는 목적이 이끄는 삶을 살아가도록 안내합니다. 인생을 영성에 기초하여 안에서 밖으로 파문형 경영을 하도록 멘토링 합니다. 더구나 한 번에 한 가지씩 점검하고 함께 나눌 수 있는 구체적인 자료를 제시하면서 말입니다. 청년들의 소중한 정체성과 기독교적 세계관 그리고 자신만의 독특한 사명을 자각하게 하는 탁월한 안내서입니다.

한기채
중앙성결교회 담임목사, 기독교대한성결교회 전 총회장,
전 서울신학대학교 교수

추천의 글

그리스도안에서 인생을 재발견하게 하는 책

청년의 시기는 인생의 꽃을 피우기 시작하는 아름다운 때입니다. 나이가 들면 그 시절이 그립고 갈 수만 있다면 돌아가고 싶은 때입니다. 그러나 만일 요즘 성인들에게 그 시절도 돌아가라고 한다면 선뜻 답을 하기는 어려울 것입니다. 아니 돌아가고 싶지 않을지도 모릅니다. 이유는 간단합니다. 오늘의 청년들의 현실이 너무나 힘겹고 어두워 보이기 때문입니다. 그래서 연애, 결혼, 출산을 포기해야 하는 삼포시대, 집과 경력을 포기한 오포시대, 그리고 취미와 인간관계까지 포기한 칠포세대가 되어가고 있다고 하지 않습니까?

성인진입기 Emerging Adulthood에 누구나 공감하는 감정이 책의 제목이 된 《청년 요나!》에서 저자는 청년의 시기의 고된 여정에 공감하면서 "내 뜻대로 되지 않는 시기"를 사는 이들에게 인생의 길잡이가 되는 이야기를 나누고 있습니다. 우선 자신의 뜻과 다른 방향으로 전개되는 인생의 원인을 변동성, 불확실성, 복잡성, 모호성으로 대변되는 시대적 상황에서 찾으면서, 저자는 이러한 시기에 절실히 요구되는 빛과 등불은 오직 예수 그리스도라는 것을 분명히 합니다. 그러면서 구약성서의 인물 요나의 이야기를 통해 삶의 좌표를 찾아 펼쳐 보여 줍니다. 그리고 더 나아가 이 때를 자아정체성을 재고하고 형성하는 중요한 시기로 삼아야 함을 강조합니다.

저자는 청년시기를 기독교교육학적 관점에서 다년간 연구하고, 이 세대에게 길잡이가 되는 등불을 비춰주고자 본서를 집필했습니다. 너무도 시의적절하고 탁월한 제안을 통해 저자는 "사망의 음침한 골짜기로 다닐지라도 해를 두려워하지 않을 것은 주께서 나와 함께 하심이라"시편 23는 말씀의 의미를 우리에게 되새기게 해줍니다. 이제 더 이상 포기의 시대가 아닌 그리스도가 내 안에, 내가 그리스도 안에 있음을 찾는 발견의 시대가 될 수 있는 좌표가 될 본서를 기쁜 마음으로 추천합니다.

김영래
감리교신학대학교 교수

추천의 글

하나님 앞에 선 단독자의
삶으로 이끄는 책

우리는 누구나 인생을 살아가면서, 특히, 인생 후반부터는 후회합니다. 그럴 수밖에 없는 것은 우리가 인생을 한 번 살기 때문입니다. 특별히 청년기는 빨리 지나가고, 수많은 실수를 하기에 더욱 그렇습니다.

젊은 시절 지혜로우면 좋지만 아직 경험, 판단력, 사리 분별이 부족하여 잘못된 생각과 선택을 하기도 합니다. 실존주의 철학자 사르트르는 "인생은 B와 D사이 C다"라는 말을 했습니다. 인간은 B Birth 태어나고, D Death 죽을 때까지 끊임없이 선택하는 존재라고 했습니다. 그렇기에 고통, 그 자체라고 했습니다.

그러나 유신론적 실존주의자 키에르케고르는 '하나님 앞에 선

단독자'를 말했습니다. 죽음 앞에 인생, 불안 속에 인간이 제대로 살아갈 수 있는 것은 창조주 하나님 앞으로 나아가야 함을 말한 것이었습니다.

이 시대 불안 속에 그리고 여전히 끊임없이 선택해야 하는 젊은 이들은 어떻게 살아가야 할까요? 그에 대한 가이드로 박은규 목사님이 《청년 요나!》 책을 출간해 주어 너무나 감사합니다. 한 번 짧게 지나가는 청년 시기, 이 책을 묵상하고, 삶에 적용한다면, 인생 후반부에 후회하지 않을 겁니다. 키에르케고르가 말한 하나님 앞에 선 단독자로 잘 살아갈 겁니다.

이 책을 젊은이에게, 그리고 여전히 젊게 사는 청년 그리스도인들에게 일독을 권합니다.

김영한
Next 세대 Ministry 대표 및 품는 교회 담임목사

추천의 글

자아성숙을 위한 책

　이 책은 현대 자본주의시대 속에 함몰되어버린 자아를 어떻게 회복시킬 것인가를 고민하며 탐색하고 있는 내용을 담고 있습니다. 특히 각 장마다 질문을 통해 자아성찰의 기회를 주고 있으며, 요나서를 중심으로 주제에 맞는 다양한 성서말씀을 제시해 줌으로서 방황하는 자아를 바른 길로 안내해 주는 유익한 책입니다. MZ세대 청년들의 자아성숙을 위한 교재로 추천합니다.

오성주
감리교신학대학교 교수

추천의 글

'나'는 누구인가?

　이 책은 청년의 시기에 나에 대해서 돌아보고, 나를 챙기는 것이 결코 이기적인 것이 아님을 보여주고 있습니다. 게다가 나를 분석하는 데에 그치지 않고 작금의 시대 현실과 연결시켜 자신을 바라보게 해주기에 적실하기까지 합니다. 교회 사역만 하다가 지쳤습니까? 나를 잃어버린 느낌이 드십니까? 그렇다면 지금, 이 책 읽는 것을 미루지 않기 바랍니다. 지친 자아가 하나님 앞에서 새 힘을 얻고, 다시 넉넉히 세상을 섬기게 될 것입니다.

서창희
한사람교회 담임목사, 내 인생, 여기서 끝나지 않는다 저자

머리말

이전과 다른 '나'

성경 속 요나는 자신의 판단을 믿고 자기 뜻대로 인생을 살아가고자 했습니다. 그 요나는 자기 삶의 의사 결정권을 쥐고 주체적 의지를 가지고 살아가는 오늘 우리의 모습입니다.

《청년 요나》를 통해 변동성과 불확실성, 복잡성과 모호성의 시대에 청년들이 가져야 할 신앙적 지침을 받을 때 우리는 주님 안에서 이전과 다른 나의 정체성으로 거듭나게 될 것입니다.

특히 이 책은 주님 안에서 참된 정체감을 갖게 하도록 4주 28일의 플랜을 따라 읽을 수 있도록 준비되었습니다.

요나 말씀을 멘토링 삼아 참된 자아 성장을 이루기를 기대하며 이 책이 자기중심성에 빠진 〈핵 개인〉의 시대에 큰 울림이 되기를 소망합니다.

이 책을 하나님이 은혜로 주신 선물, 아내 이은선에게 드립니다.

* 핵 개인: 핵 개인은 '해야된다'가 아니라 '내가 하고 싶은 것'에 따라 움직이는 사람을 말합니다. 이들은 자신의 주체적 의지를 가지고 자신의 의사 결정권을 행사하며 살아갑니다.
《시대예보: 핵 개인의 시대》교보문고, 2023

차례

■ 추천의 글

미래세대부흥을 이끄는 책　_이철
세대는 변해도 진리는 변하지 않는다　_강득환
청년들의 정체성을 세워가는 책　_한기채
그리스도안에서 인생을 재발견하게 하는 책　_김영래
하나님 앞에 선 단독자의 삶으로 이끄는 책　_김영한
자아성숙을 위한 책　_오성주
'나'는 누구인가?　_서창희

■ 머리말

프롤로그　/ 023

청년, 내 뜻대로 안되는 시기
내 뜻대로 안되는 이유가 있다
VUCA시대, 하나님의 나라 비전이 있어야 합니다
내 뜻대로 안 되는 시기야말로 신앙이 성장할 때입니다
왜? 지금 자아의 성장에 관심을 가져야 할까요?

1부　내 뜻대로 안 되는 변동성 시대의 나　　/ 047

1. 나를 모르는 나
2. 빨리 가고 싶은 나
3. 숨고 싶은 나
4. 나침반이 없는 나
5. 따지고 싶은 나
6. 목표가 없는 나
7. 내 뜻대로 안 되는 나

● 흔들리지 않는 삶을 위한 비결　/ 086

2부   내 뜻대로 안 되는 불확실성 시대의 나   / 093

1. 짜증만 가득한 나
2. 빛나고 싶은 나
3. 늘 방황하는 나
4. 잘 풀리지 않는 나
5. 작아지는 나
6. 무책임한 나
7. 고집을 꺾지 않는 나

● 불안하지 않은 삶의 비결   / 129

3부   내 뜻대로 안 되는 복잡성 시대의 나   / 137

1. 자기에게 집중하는 나
2. 눈앞이 캄캄한 나
3. 인생에 눈을 뜨는 나
4. 쉽게 꺼지지 않는 나
5. 중력을 거스르는 나

    6. 구원자를 발견하는 나
    7. 마음이 굳어 버린 나

● 단순한 삶을 위한 비결   / 166

4부   내 뜻대로 안 되는 모호성 시대의 나   / 173

    1. 조금씩 알아가는 나
    2. 자아를 해체하는 나
    3. 마음을 키워가는 나
    4. 결말을 기대하는 나
    5. 더 넓은 세상에 눈뜨는 나
    6. 유연한 세계관을 갖는 나
    7. 정체감을 성취하는 나

● 유연한 삶을 위한 비결   / 220

에필로그   / 227

청년, 내 뜻대로 안되는 시기
내 뜻대로 안되는 이유가 있다
VUCA시대, 하나님의 나라 비전이 있어야 합니다
내 뜻대로 안 되는 시기야말로 신앙이 성장할 때입니다
왜? 지금 자아의 성장에 관심을 가져야 할까요?

청년,
내 뜻대로 안 되는 시기

생애발달이론 가운데 가장 눈에 띄는 이론은 성인진입기입니다. 이 시기는 청년들의 성장 과정이 청소년 후기에서 성인기 사이에 끼어 있는 중요한 시기입니다. 생애주기 이론가에 따르면 이 청년세대를 가리켜 이머징 세대Emerging Adulthood라고 부르기도 합니다.[1] 이 이론을 아래와 같은 그림을 통해 살펴보면, 청소년 후기와 성인기 사이의 중간 단계라고 할 수 있습니다.

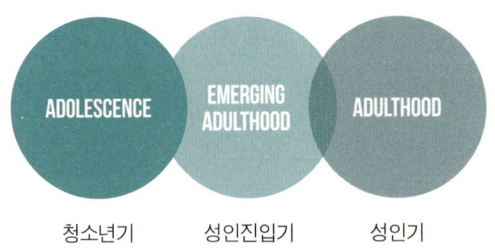

성인진입기 이론이 등장하게 된 것은 급변하는 사회문화의 영향 때문입니다. 청소년 시절을 지나고 나면 대학교를 진학하며 공부를 시작하고, 대학원, 박사에 이르기까지 오늘날 취업과 자기 계발을 위한 학습의 열기는 점점 높아지고 있습니다. 자기 계발의 열풍에 따라 좀 더 경쟁력 있는 자신의 삶을 가꾸기 위해서입니다. 무엇보다 심각한 경제의 위기 속에서 취업의 문은 굳게 닫혀있습니다. 과거처럼 고등학교를 졸업하고 대학교만 마치면 직장에 들어가는 시대는 지났습니다. 안정적이며 더 많은 연봉을 받을 수 있는 직장에 가기 위해 더 좋은 스펙을 쌓고자 합니다. 취업 경쟁률이 높아지고 경제 위기 속에서 경력직을 우선하는 기업의 풍토에 따라 취업의 기회는 점점 줄어들고 있습니다.

늦어지는 취업 문제는 또 다른 사회의 문제를 초래하는데 그것은 결혼입니다. 안정적인 직장이나 전문직을 선호하는 풍토 속에서 결혼의 시기와 때는 점점 늦춰지고 있습니다. 급기야 이러한 열악한 환경 속에서 결혼을 포기하는 비혼주의가 늘어가고 있습니다. 이러한 청년세대를 N포세대라고 부르기까지 합니다. 사회 및 경제적 위기 속에서 연애와 결혼, 출산, 취업, 내 집 마련, 더 나아가 건강과 인간관계, 꿈과 희망 모두를 포기한 세대입니다. 더불어 청년 고독과 소외문제가 부각되고 있으며 스트레스, 질병과 같은 건강문제는 청년들의 삶을 궁지로 몰고 있으며 마약 중독 및 자살의 문제로 이어지고 있습니다. 그래서 이 책에서는 성인진입기를 '내 뜻대로 되지 않는 시기'라고 부릅니다. 과거 1970년대 경제성장과 경제 호황기의 1990년대 초중반을 지난 앞선 세대와 달리 지금 청년들은 이전과 달리 더 높은 학구열로 인하여 똑똑하고 유능하며 많은 가능성을 가지고 있음에도 사회문화 속에서 내 뜻대로 되는 것이 없음을 실감하고 있습니다.

내 뜻대로 안 되는
이유가 있다

변동성 시대, 흔들리는 나

　오늘날은 변동성의 시대입니다. 이전에 없는 코로나 팬데믹은 비대면, 비접촉 시대를 불러왔습니다. 예전에 없던 방식의 사회 모습은 많은 이들을 당혹게 하였으며 코로나 팬데믹을 통해서 마스크를 착용하지 않고는 살아갈 수 없는 생존의 위기를 경험했습니다. 이전에 경험하지 못했던 새로운 변화는 오늘날 대변동의 모습 중 하나입니다. 대학 신입생들도 처음 겪는 비대면 상황에서 학교 수업을 온라인으로 하게 되었습니다. 제가 아는 한 청년은 갑자기 찾아온 코로나 팬데믹으로 인해 예정에 없던 입대를 결정하기도 했습니다. 변동성의 시대는 사회문화뿐 아니라 기후 문제, 정치 및 경제 상황 속에서도 발생하는데 삶의 순간에서 지금까지 나의 계획들은 언제든지 바뀔 수 있습니다. 지금까지 옳다고 믿었던 것들은 흔들리고 무너질 수 있음을 알아야 합니다. 이러한 변동성의 시대, 내게 찾아온 큰 변화가 무엇인지 한 번쯤 생각해 보기 바랍니다.

> **질문**
>
> 내게 찾아온 변동성의 위기는 무엇인가요?
>
> 갑작스럽게 변동된 계획이 있다면 이야기해 봅니다.
>
> 흔들리지 않는 비결이 있다면 무엇인가요?

불확실성 시대, 불안한 나

오늘날은 불확실성의 시대입니다. 코로나 팬데믹은 여전히 진행 중이며 언제 종식 되고 소멸할지 전망하기가 어렵습니다. 언제 어디서 예상치 못한 변이 바이러스가 확산할지 모르는 상황이기도 하죠. 이러한 불확실성 속에 전 세계적인 경제 위기와 경기의 장기침체가 계속되고 있는데, 전 세계의 건강 및 경제성, 공공부채, 고용 및 인간 복지에도 심각한 영향을 미치고 있기에 오늘날은 더욱 예측할 수 없는 불안정한 시대라 할 수 있습니다.[2] 교회 청년 중 하나는 어렵게 취업한 관광회사에서 퇴직할 수밖에 없었습니다. 갓 들어간 회사에서 예측하지 못했던 코로나로 인해 하루아침에 구직자가 되었습니다. 더 큰 문제는 코로나 팬데믹으로 인해 어떻게 진로를 정해야 할지 미래가 불확실하기에 인생의 위기와 두려움을 느끼고 있다고 말했습니다. 모든 것이 불확실하고 두려운 시기에 우리는 세상을 살아갈 분별력과 판단력을 가져야 합니다.

> **질문**
>
> 내 인생 가운데 불확실성으로 인하여 결정을 내리지 못한 일이 있습니까?
>
> 불확실성의 시대를 살아갈 방법이 있다면 무엇이겠습니까?
>
> 미래를 예측하거나 알 수 없는 상황에서 내가 아는 가장 확실한 것은 무엇인가요?

복잡성 시대, 조급해진 나

오늘날은 복잡성의 시대입니다. 한국 사회는 높은 실업률로 인해 신음하고 있습니다. 많은 청년이 팬데믹으로 인해 일자리를 잃었습니다. 더 나아가 사회는 점점 복잡해지고 있습니다. 그뿐만 아니라 각종 이해관계가 복잡하게 연결돼있어 개인과 개인, 개인과 공동체, 다수와 소수 간의 갈등은 더욱 심각해지고 있습니다. 이로 인해 요즘 청년들은 과거보다 더 많은 시간을 일하고, 늦은 시간에 퇴근하며 과도한 업무로 인해 크고 작은 스트레스에 시달리고 있습니다. 이로 인해 정신적, 육체적 번아웃 상태에서 복잡한 생각과 마음을 다스리는 명상이나 마음 챙김과 같은 수련 활동이 증가하고 있습니다.

> **질문**
>
> 내가 조직이나 공동체 안에서 겪는 갈등은 무엇이었습니까?
>
> 마음이 복잡하고 문제가 풀리지 않을 때 무엇을 통해 힘을 얻고 위로를 얻습니까?
>
> 문제를 해결하지 못한 채 조급한 마음이 들 때가 있었습니까?

모호성 시대, 불분명한 나

마지막으로 오늘날은 모호성의 시대라고 할 수 있습니다. 정치, 사회, 경제 분야에 있어 미래를 예측할 수 없는 불안한 상황에서 전략적 모호성을 선택하는 경향이 많아지고 있습니다. 복잡하게 얽힌 국제관계 속에서 자국의 이익을 위해 전략적 모호성을 띠고 중립적인 태도를 견지하는 것입니다. 그뿐만 아니라 대인관계에 있어 머리로는 이해가 가지만 마음으로 받아들일 수 없는 애매한 상황들을 마주하게 됩니다. 실제로 코로나 팬데믹 상황에서 개인 감염예방을 위한 거리 두기와 마스크 착용은 잘 이루어졌지만, 그로 인해 인간관계의 소외와 대립, 갈등은 더 심해졌습니다. 우리 인생의 문제를 두고서도 애매모호한 상황은 지속될 수 있습니다.

질문

머리로는 이해가 가지만 마음으로 받아들일 수 없는 일이 있습니까?

내가 처한 상황 가운데 가장 애매하고 모호한 상황은 무엇입니까?

그 상황을 헤쳐갈 방법이 있다면 무엇이라 생각합니까?

우리는 모두 VUCA 시대를 살아가고 있습니다. 과거처럼 원인에 따른 결과가 산출되는 시기가 아닙니다. 불안정 속에서 내일을 바라보며 믿음으로 인내하며 기다리는 시기가 VUCA 시기입니다. 섣부른 판단보다 주변 사람들의 조언에 귀 기울여야 할 때입니다. 지금은 나만 뒤처지고 나만 늦는 것이 아닙니다. 우리 모두가 천천히 걸어가야 합니다. 누구도 경험해 보지 않았기에 우리의 걸음은 더디고 늦을 수밖에 없습니다.

청년부를 담당할 때 많은 이들과 함께 나누었던 이야기가 있습니다. 토끼와 거북이 이야기입니다. 토끼와 거북이가 함께 시험을 치러 학교에 가고 있었습니다. 학교는 저 높은 산 중턱에 있었습니다. 학교까지 가기가 쉽지 않아 보입니다. 토끼는 빠른 걸음으로 거북이를 홀로 두고 먼저 나아갑니다. 저 멀리 앞서가는 토끼는 빨리 학교에 가서 시험 준비를 하려고 했습니다. 그러나 걸음이 느린 거북이는 결코 시간에 쫓기거나 분주하지 않았습니다. 자기 스텝을 밟아가며 자기 걸음 그대로 학교로 향했습니다. 학교에 가는 길에 들판에 피는 꽃들을 보며 향기를 맡으며 다가가 대화하며 이름을 물어보았습니다. 각기 다른 모양의 꽃들은 서로 다른 향기와 특징을 가지고 있었습니다. 거북이는 다양한 꽃들을 바라보며 누구보다 의미 있는 시간을 보냈습니다. 그리고 시간이 지나 학교에 도착하였습니다. 선생님은 이 둘에게 시험문제를 칠판에 적었습니다. "오늘 등굣길에 바라보았던 들판의 꽃과 특징들을 아는 대로 설명하세요" 남들보다 빨리 학교에 도착하여 시험 준비를 철저하게 준비했던 토끼는 눈이 빨갛게 달아올랐습니다. 학교에 가는 길에 꽃은 한 송이도 본 적이 없었기 때문입니다. 그러나 거북이는 학교에서 만났던 꽃들의 향기와 풍경을 마음에 품고 답안을 작성하기 시작했습니다.

  과거, 한국 사회는 정답만을 가르쳤으며 비교와 경쟁을 통해 더 많은 정답을 맞히기 위해 노력해 왔습니다. 더 빨리, 더 많이 더 높이 그러나 이제는 더 더 더가 아니라 조금씩, 조용히, 천천히 우리의 삶을 음미해야 합니다. 그래야 다양한 변화 속에서 궤도를 수정하고 스스로 점검하고 전략을 세워갈 수 있기 때문입니다. 이제는 다양한 변화와 예측할 수 없는 복잡한 상황에서 모호하지 않은 나만의 답을 찾는 것이 중요한 시대입니다. '나다움'을 찾을 때 그것이 답이 될 수 있습니다.

VUCA시대,
하나님의 나라 비전이 있어야 합니다

성인진입기Emerging Adulthood는 청소년 이후, 성인이 되기까지 청년들의 정체성의 형성과 자아의 성장, 그리고 사회적 역할과 책임에 관심을 기울이는 시기입니다. 여러분의 성인진입기에 수많은 에너지와 시간, 그리고 물질이 투입되고 있습니다. 그러나 세상은 그리 호락호락하지 않습니다. 우리의 뜻대로 움직이지 않습니다. 오늘날 대부분 사회의 문제는 청소년 사교육의 문제, 청년 취업의 문제, 실업률의 문제, 그리고 결혼 및 출산의 문제까지 이르고 있습니다. 우리가 더 배우고 노력한다고 하여 나아지는 것이 없어 보입니다.

그렇다면 인생에 있어 중요한 성인진입기에 가장 먼저 해야 하는 것은 무엇일까요? 무엇보다 여러분에게 있어 가장 중요한 것은 일시적인 특강이나 조언, 그리고 소소한 위로가 아닙니다. 성인진입기를 지나도록 도우시는 하나님을 만나는 것이며 그 믿음의 길을 묵묵히 걸어가는 것입니다. 성인진입기는 내 생애 하나님을 만날 가장 좋은 때입니다. 어떠한 상황에서도 항상 하나님을 바라보며 의지하는 것이 가장 중요합니다.

인생의 답을 찾고자 하십니까? 그렇다면 이 한 가지에 주목해야 합니다. 세상은 우리에게 소망이 되지 못합니다. 우리의 소망은 이 세상을 지으시고 다스리시는 하나님께 있습니다. VUCA시대에 온전한 나의 모습은 세상 안에서 발견되는 것이 아닙니다. 이 세상을 지으시며 다스리시는 주권자이신 주님께 발견되는 것입니다.

2000년 전 초대교회 성도들은 로마제국의 핍박과 고난 가운데 있었습니다. 초대교회 성도들은 그 두렵고 불안한 시대에 다시 오실 예수님을 기다리며 소망으로 하루하루 인내하였습니다. 이들은 어떠한 상황 속에서도 자신들이 하나님의 나라, 하나님의 백성인 것을 잊지 않았습니다. 끝까지 예수 그리스도의 다시 오심을 기대하며 하나님의 말씀을 붙잡고 버텨냈습니다. 이들은 마지막 최후의 날까지 재림의 주님을 기다리며 마침내 완성될 하나님의 나라를 꿈꿨습니다.

어떻게 이러한 일이 가능했을까요? 하나님의 나라 백성으로서 내가 누구이며, 나를 구원하신 하나님이 누구인지를 분명히 알고 있었기 때문입니다. 어떠한 상황에서도 신앙인으로서의 정체성을 분명히 했기 때문에 불확실한 상황에서도 결코 흔들리지 않았으며 두려워하지 않았습니다. 마지막까지 최후 승리자가 되게 하시는 하나님의 영광이 있음을 보았던 것입니다. 이렇게 기독교는 하나님을 믿는 성도들의 세계관을 바꾸었으며 그리스도인이라고 불리게 되었습니다.

매일매일의 삶 속에서 이들을 지탱한 것은 예수님의 십자가와 부활이었습니다. 십자가의 사랑과 부활의 능력이 이들을 하나로 묶었고 장차 재림하여 다시 오실 주님은 이들에게 큰 용기가 되었습니다. 이들은 세상에서는 미움을 받았지만, 구원의 확신을 가지고 용기 있는 삶을 살았기에 죽음, 그 너머를 바라보며 소망의 삶을 살았습니다. 예수님이 십자가에서 흘리신 피는 우리를 향한 확실한 사랑의 증거였으며, 예수님이 돌아가신 후 사흘 만에 부활하신 능력은 초대교회 성도들을 살아가게 하는 힘의 원천이며, 삶의 소망이 되었습니다. 그리고 다양한 이방신을 숭배하는 복잡한 사회문화 속에서 스스로 해결할 수 없는 수많은 문제를 성령님께 맡겼습니다.

주변에 성공하고 소위 잘나간다고 하는 사람들을 보면 왠지 뒤에 누가 밀어주고 든든한 후원자가 있을 것 같고 배후에 누가 있을 것 같은 생각이 듭니다. 하나님의 나라 비전을 가지고 사는 자들의 뒤에는 삼위 성부 하나님, 성자 예수님, 성령 하나님이 계십니다. 성부 성자 성령께서 늘 배후에서 우리를 돌보시고 사랑하여 주십니다. 이처럼 오늘날 VUCA시대를 살아가는 청년에게 필요한 것은 세상에서 필요로 하는 재능이 아닙니다. 뛰어난 실력도 아닙니다. 오직 하나님 나라의 비전입니다. 이 비전이 변동성, 불확실성, 복잡성과 모호성의 시대에 우리를 향한 소망이 됩니다.

오늘 여러분의 비전을 확인하기를 바랍니다. 주님이 함께하는 자에게는 확실하고 구체적인 미래가 있기에 불안하지 않습니다. 나를 사랑하사 나의 죄를 용서하신 하나님의 확실한 사랑, 그 죄와 사망을 이긴 부활의 능력, 그리고 다시 임할 하나님 나라를 소망하는 것만이 지금 내게 필요한 답입니다. 가장 확실한 미래를 우리에게 허락하시는 주님이 계심을 믿어야 합니다. 내 뜻대로 안 되는 VUCA시대 하나님 나라 복음을 통하여 용기를 가지고 시대의 고난과 고통을 뚫고 지나가는 여러분이 되기를 바랍니다.

내 뜻대로 안 되는 시기야말로
신앙이 성장할 때입니다

한국 사회는 10년을 주기로 큰 변동이 일어나고 교육정책이 변화되고, 굵직한 사회문화가 형성되었습니다. 그래서 오늘을 살아가는 20대 청년은, 1960년대, 1970년대, 1980년대, 더 가깝게는 2010년의 20대와 너무나 큰 세대 차이를 느낄 수 있습니다.

세대별 구분법[3]

세대	출생연도	주요 사회 이슈
산업화 세대	1940~1954	한국전쟁, 베트남 전쟁
베이비 붐 세대	1955~1959	5.16군사정변 / 새마을운동
386세대[4]	1960~1969	6월 항쟁 / 민주화 운동
X세대	1970~1980	성수대교 / 삼풍백화점 붕괴
밀레니얼 세대	1981~1996	IMF 금융위기 / 2002 월드컵
Z세대	1997~2010	국제금융위기 / 세월호 침몰 사고

오늘날 한국 사회는 4불(不) 시대라고 할 수 있습니다. 그것은 불행의 시대, 불만의 시대, 불신의 시대, 불안의 시대입니다. 앞으로는 어떠한 시대가 펼쳐질지 그 아무도 모르는 미지의 세계를 우리는 살아가고 있습니다.

신앙발달 이론가인 제임스 파울러Jamea Fowler는 신앙의 성장과 성숙에 따라 정체감이 형성된다고 보았습니다. 파울러의 견해에 따르면 종교적 가치관을 통해 정체감을 발달하는 시기가 18세에서 24세입니다. 바로 이 시기가 MZ세대가 포함되어있는 성인진입기Emerging Adulthoood입니다. 파울러는 18세가 되면 부모로부터 영향을 받아온 인습적인 신앙은 무너지게 되고 신앙적인 홀로서기가 가능하다고 보았습니다. 이때부터 개인의 신앙은 자발적이며 개별적인 신앙의 모습으로 나타나게 됩니다.

요나의 인생을 보십시오. 매 순간 불확실한 상황 속에 놓여 있었습니다. 그가 바다가 던져질 때 우리가 잘 알고 있는 고래큰 물고기가 요나를 삼켰습니다. 중요한 것은 1장 17절에 하나님이 큰 물고기를 예비해 놓았다는 것입니다. 하나님은 자기 몸을 던져 책임을 회피하며 도망치는 요나를 바닷속 깊은 곳에서 큰 물고기를 통해 건져 주셨습니다. 그리고 큰 물고기의 뱃속에서 요나는 기도하기 시작했습니다. 하나님의 이름을 부르짖으며 기도했던 요나는 2절에 이렇게 말합니다.'내가 스올의 뱃속에서 부르짖었더니 주께서 내 음성을 들으셨나이다'그렇습니다. 지금 요나는 스올의 자리와 같은 인생의 끝자리에서 하나님을 만났습니다. 미래를 알 수 없는 혼돈의 시기야말로 요나처럼 하나님을 만나고 하나님께 부르짖을 수 있는 가장 좋은 시기입니다.

왜? 지금 자아의 성장에 관심을 가져야 할까요?

지금까지 한국 사회에서는 정체성보다 자존감 교육을 더 중요하게 생각했습니다. 자존감이란 무엇인가요? 자존감은 내가 나에게 느끼는 상태를 말합니다. 내가 어떠한지 내 생각이 중요하고 나를 어떻게 생각하는지 매우 중요하게 느끼는 것입니다. 신자유주의 시대가 유행했던 1980년대부터 미국 사회에 자존감 교육 열풍이 불어 닥쳤으며 급기야 한국에도 상륙하게 되었습니다. 신자유주의 시대의 무한 경쟁 속에서 학생들은 학교 입시제도 안에서 경쟁해야만 했습니다.

이들이 얻는 자존감이란 결국 남보다 더 뛰어난 우월감을 통해서 얻는 만족감이었습니다. 그리고 오늘날 청년들은 인스타그램에 자신의 일상을 가상 세계에 띄우며 자기를 증명하며 전시하기 시작했습니다. 다른 사람의 관심과 인정을 받기 위해서입니다. 그러나 실제 현실과 가상 세계의 차이는 오히려 청년들에게 현실 세계 안에서 심리적 박탈을 느끼게 했습니다. 오히려 세상에서 누군가를 제치고 이기며 얻은 자존감은 또 다른 경쟁자에 의해 인생의 한계, 자기 자신에게 느끼는 한계로 인하여 자괴감을 느끼게 했습니다.

입시경쟁에서 낙오된 학생들에게 자존감 교육은 실제 위기 가운데 있던 청소년들에게 아무런 힘도 되어주지 못했습니다. 오히려 입시경쟁 안에서 무한 칭찬과 격려는 부풀어진 '자아'를 낳게 했습니다. 그래서 이제는 자존감에서 정체감 교육으로의 전환을 모색해야 하는 시기라고 생각합니다. 신 자유시대 안에서 자존감의 교육은 결국 오늘날 비대해진 '자아'를 만들게 했으며 점점 자기중심적 세대로 자리 잡게 하였습니다. 이것이 요나의 모습이며 오늘날 청년늘의 모습입니다.《과잉시대를 사는 그리스도인》의 저자 조광운은 현대사회 그리스도인들이 가지고 있는 과잉 자아의 모습은 자아의 불만족을 가져오며 자신의 삶을 해치고 타인에게도 좋지 않은 영향을 준다고 말합니다.[5] 부풀어진 비대한 '자아'는 결국 자기중심적 세대가 되게 하였습니다.

실제로 요나는 자기중심적인 자세로 세상을 바라보았습니다. 이러한 자아는 문제가 발생하면 자기 안에서 문제의 원인을 찾기보다 사람을 탓하고 사회 구조 탓을 하며[6] 늘 불평하는 삶을 살아가게 됩니다. 내가 남보다 우월하다고 여기는 자아감은 부풀어진 자아를 만들 뿐입니다. 결국 현실을 부정하고 불만족한 삶을 살아갑니다. 자아의 문제해결은 오직 주님 안에만 있습니다.

요나는 하나님께 대들고 반항하며, 하나님의 뜻과 배치되는 인생을 살았습니다. 그러나 하나님은 요나의 인생 가운데 끊임없이 개입하셔서 그의 길을 바꾸시고 그의 인생을 하나님의 뜻에 따르도록 인도하셨습니다. 우리는 이제 요나서를 함께 묵상하면서 하나님이 나에게 어떻게 다가오시며 내 생각과 나의 삶을 어떻게 변화시키는지를 보려고 합니다. 주님 안에서 참 자아를 형성하여 이 시대 진정한 어른으로 성장할 수 있기를 바랍니다.

DAILY THINKING

예측할 수 없는 불안의 시대, 우리는 흔들리고 있습니다.

- 나는 무엇에 마음이 흔들리나요?

- 나의 복잡하고 어려운 문제를 하나님께 맡겨본 적이 있나요?

- 내가 하나님의 자녀인 것을 확신하고 있습니까?

잠언 3장 25-26절

너는 갑작스러운 두려움도 악인에게 닥치는 멸망도 두려워하지 말라 대저 여호와는 네가 의지할 이시니라 네 발을 지켜 걸리지 않게 하시리라

1. 나를 모르는 나
2. 빨리 가고 싶은 나
3. 숨고 싶은 나
4. 나침반이 없는 나
5. 따지고 싶은 나
6. 목표가 없는 나
7. 내 뜻대로 안 되는 나

요나 1장 1-3절

1 여호와의 말씀이 아밋대의 아들 요나에게 임하니라 이르시되
2 너는 일어나 저 큰 성읍 니느웨로 가서 그것을 향하여 외치라 그 악독이 내 앞에 상달되었음이니라 하시니라
3 그러나 요나가 여호와의 얼굴을 피하려고 일어나 다시스로 도망하려 하여 욥바로 내려갔더니 마침 다시스로 가는 배를 만난지라 여호와의 얼굴을 피하여 그들과 함께 다시스로 가려고 배삯을 주고 배에 올랐더라

01
나를 모르는 나

1 여호와의 말씀이 아밋대의 아들 요나에게 임하니라 이르시되

하나님은 요나를 선지자로 부르셨습니다. 선지자로 부르신 것은 하나님의 주권이며, 하나님의 계획입니다. 우리가 원하는 모양, 원하는 열매, 원하고 바라는 계획이 있을지라도 우리는 하나님의 계획 안에서 하나님의 부르심으로 살아가도록 지음 받았습니다. 그런데 요나는 하나님 앞에 반항하는 선지자로 우리에게 알려져 있습니다. 선지자가 하나님께 반항한다는 것은 무슨 뜻일까요? 아직도 하나님의 부르심을 알지 못했다는 것입니다. 부르심의 소명Calling 없이 살아가는 사람들이 너무나 많습니다. 이것은 내가 누구인지 모르고 사는 것과 같습니다. 정말 그렇습니다. 세월이 빠르게 지나갈 때 내가 무엇을 하였는지 내가 무슨 음식을 좋아했는지 내가 무엇을 잘

하는지 정작 나에 대해 아는 것이 없을 때가 있습니다. 인생의 방황이 찾아오는 이유가 여기에 있습니다.

하나님의 손으로 지으신 나를 알지 못하고, 그 하나님이 나를 찾아오신 이유를 알지 못하고, 하나님의 선하신 계획이 있음을 보지 못하는 이유는 단 하나입니다. 부르심의 소명을 모르기 때문입니다. 소명의 저자 오스 기니스 Os Guinness는 많은 이들이 태어나고 살고 죽지만 자신의 존재 목적을 발견하는 이들은 많지 않다고 하였습니다. 성공한 부자도, 유명 연예인도 정작 삶의 목적을 알지 못하여 자살하는 경우가 빈번하게 발생하고 있습니다. 만약 행복하지 않다면 인생의 목적을 점검해 봐야 합니다. 지금 내 인생이 괜찮다고 생각 하여도 사실은 인생의 목적 없이 달려온 경우가 많습니다.

변동성의 시대, 목적이 분명한 삶을 살아가기 위해 다음과 같이 세 가지를 명심해야 합니다.

첫째, 하나님은 저와 여러분을 하나님의 자녀로 부르셨습니다. 나이가 다르고, 직분이 다르며, 능력이 다를지라도 우리가 믿는 하나님 안에서 우리는 그분의 자녀로 부름을 받았습니다. 오스 기니스는 이것을 1차적 소명이라고 말합니다. 소명이 분명한 사람은 다른 사람과 비교하는 삶을 살지 않습니다. 그리고 소명 안에서 기쁘고 감사한 삶을 살아갈 수 있습니다.

둘째, 하나님의 자녀에게는 하나님의 부르심대로 살아가고자 하는 내적인 갈망이 있습니다. 하나님의 자녀가 되면, 하나님이 뜻하신 대로 살아가고자 하는 강한 충동을 느끼게 됩니다. 그래서 나의 필요보다 하나님의 필요가 무엇인지 궁금하고, 하나님이 원하고 바라시는 일들에 대해 많은 관심이 생기게 됩니다. 세상에서는 내가 원하는 인생을 살고자 하였지만 부르심의 소명을 확인한 후에는 하나님이 원하고 바라는 것이 무엇인지에 대한 관심이 생기게 됩니다. 그 소명이 나에게 큰 동기부여가 되어 나를 이끌어갑니다. 하나님은 우리를 소명을 따라 살아가도록 지으셨으며 그 소명이 분명할 때 영광을 받으십니다.

셋째, 하나님은 우리를 다양한 역할로 부르셨습니다. 우리는 하나님의 위대한 파트너로서 하나님은 우리에게 다양한 역할과 과제를 맡겨주셨습니다. 하나님은 혼자 모든 일을 다 하실 수 있지만, 우리가 그분의 일에 참여하고 그 일을 통해 기뻐하며 감사하기를 원하십니다. 이를 위해서 각 사람에게 필요한 은사를 주시고 재능도 주셨습니다. 우리를 무엇으로 부르셨는지 날마다 기도의 자리에 나아가 하나님께 묻고 구할 때 다른 무엇과도 비교할 수 없는 흔들림 없는 인생을 살아갈 수 있습니다.

이렇게 나를 부르신 소명, 그 이유를 깨닫고, 나에게 주어진 역할을 알게 될 때 첫째, 주어진 시간에 감사하게 됩니다. 지금까지 시간은 곧 돈이며 나의 성장을 위해 시간을 사용하였다면 소명을 깨달은 자는 하나님을 영화롭게 하기 위해 그 시간을 사용하게 됩니다

다. 둘째, 부르심의 소명은 관계를 중요하게 여깁니다. 부르심의 소명대로 살아가다 보면 우리는 다양한 곳에서 하나님의 사람들을 만나게 됩니다. 이들 모두가 하나님 나라를 위해 세우신 일꾼이기에 이들이 가진 재능과 열정은 나에게 큰 힘이 됩니다. 셋째, 부르심의 소명은 나에게 주어진 일에 대해 의미를 찾게 됩니다. 소명을 가진 삶은 하나님이 주신 역할에 최선을 다하게 되고 하나님 나라를 위해 더 의미 있고 가치 있는 일을 시작하게 됩니다. 그 소명 때문에 늘 기쁨이 가득한 행복한 삶을 살아가는 것입니다.

소명을 깨달은 자는 다른 사람과 나의 처지를 비교하지 않습니다. 나의 성과에 집착하지 않습니다. 불안과 두려움의 시기에도 하나님이 주신 소명에 초점을 맞추고 있기 때문입니다. 이러한 소명의 삶이 오늘날 흔들리는 시대에 중심을 잡는 비결이며 소명감이 분명한 사람이 건강한 자아를 가지고 성장할 수 있습니다.

그렇다면 소명은 어떻게 발견하게 될까요? 소명을 확인하기 위해서는 제일 먼저 하나님과의 친밀함에 목표를 두고 살아야 합니다. 천지를 지으시고 나를 만드신 하나님을 알지 못하는데 나를 부르시는 소명을 확인할 수 있겠습니까? 미국의 스카이 제서니Skye Jethani는 소명을 확인하기까지 하나님과의 친밀한 교제가 매우 중요하다고 말합니다. 하나님과의 친밀함 속에 우리는 하나님께 묻게 됩니다. '하나님 나를 지으신 이유가 무엇인가요?' '하나님 나를 이곳으로 부르신 이유가 무엇인가요?' 하나님과의 친밀함은 하나님께 집중하게 하며 주님의 뜻과 마음을 늘 궁금해합니다.

그러나 하나님과의 친밀한 교제 없이 살아가는 사람은 늘 자기에게만 집중합니다. 내가 잘할 수 있는 것이 무엇인지, 내가 무엇을 좋아하는지, 내가 가지지 못한 것이 무엇인지에 대해 관심을 두고 살아갑니다. 여기서 열등감이 오고 불안과 두려움이 옵니다. 우리가 하나님께 관심을 두기 시작할 때 그분에 대한 궁금증이 시작되고 주님의 뜻을 구하고 답을 구할 수 있습니다. 이것이 하나님과 가까워지는 첫 번째 단계입니다. 그러므로 나에게 집중하지 않고, 오직 하나님께만 집중하기 바랍니다. 하나님이 나를 부르신 이유, 나를 필요로 하시는 이유, 나를 향한 구체적인 계획을 알게 될 때 우리는 다른 것에 마음을 두지 않고 주님께만 집중하여 살아갈 수 있습니다.

대통령이 된 사람은 과거에 아무리 높은 자리에 있었다 할지라도 과거의 장관직이나 고위 공무원의 자리에 더 이상 미련을 갖지 않습니다. 한 나라의 대통령이 되면 세상에서 가졌던 직함들은 다 쓸모가 없기 때문입니다. 대통령이라고 하는 최고의 부르심을 받으면 다른 것은 다 아무것도 아닌 것처럼 우리가 하나님의 자녀로서 부르심을 받았다는 것을 세상 모든 것을 다 잊고 살아도 될 만큼 가치가 있습니다. 나를 하나님의 자녀로 부르신 소명보다 더 큰 것은 아무것도 없습니다. 나를 존귀하게 여기고 자녀 삼으신 그 부르심 앞에 우리는 흔들리지 않는 삶을 살아갈 수 있는 용기가 있습니다.

흔들리는 시대, 우리를 부르신 그 소명을 점검하는 시간이 되기를 바랍니다.

DAILY THINKING

부르심의 삶은 절대 흔들리지 않습니다.

- 하나님과 친밀한 교제의 시간은 언제인가요?

- 나를 향한 하나님의 부르심은 무엇인가요?

- 하나님은 나를 어떠한 역할로 부르셨나요?

- 내가 좋아하고 잘하는 일은 무엇인가요? 그리고 그 일을 하나님도 좋아한다면 그 이유는 무엇일까요?

예레미야 29장 11절~13절

너희를 향한 나의 생각을 내가 아나니 평안이요 재앙이 아니니라 너희에게 미래와 희망을 주는 것이라 너희가 내게 부르짖으며 내게 와서 기도하면 내가 너희들의 기도를 들을 것이요 너희가 온 마음으로 나를 구하면 나를 찾을 것이요 나를 만나리라

02
빨리 가고 싶은 나

지금보다 더 나은 곳을 찾아 떠나는 것은 본능 중의 하나입니다. 우리는 더 나은 세상을 향하여, 더 좋은 곳을 향하여, 더 안정적이고 의미 있는 삶을 향해 나아가려고 합니다. 케이틀리 오코넬Caitlin O'Connell의 《코끼리도 장례식장에 간다》를 보면 동물들이 자연 생태계에 적응하기 위해 대이동 하는 모습을 소개합니다. 탄자니아의 세렝게티 평원에서는 큰 영양 200만 마리와 작은 영양을 포함한 얼룩말 20만 마리가 매년 2,900km가 넘는 거리를 이동하며, 바닷속 포유동물 가운데에서는 회색 고래가 러시아에서 멕시코까지 무려 22,530km를 이동합니다. 그뿐만 아니라 가장 긴 거리를 이동하는 동물은 북극 제비갈매기입니다. 이 새는 매년 그린란드와 남극의 대륙을 잇는 70,810km를 비행하며 이동합니다. 이 동물들은 생태계 적응을 위해 스스로 길을 떠나는 것입니다.

생태계 적응을 위한 동물처럼, 인간은 갑작스럽게 찾아오는 생애주기의 변화와 성장의 변화에 적응해야 합니다. 어른이 되기 위한 '성인 진입로'는 아직은 미지의 영역으로 남겨져 있습니다. 그 시기가 언제부터인지, 언제까지인지 정확하게 숫자로 표기되지 않습니다. 그 길은 우리가 어른이 되기 위해 피할 수 없는 연결통로와 같습니다. 사회생활로부터 역할과 책임이 주어진다고 하여 어른이 되는 것도 아니며, 사회적 신분을 얻는다고 하여 어른이 되는 것도 아닙니다. 아무도 예측할 수 없는 변동성의 상황속에서 천천히 자아가 성장하고 건강한 정체감을 갖는 것이 가장 큰 과제입니다.

좌충우돌 요나의 길은 하나님이 개입해 주시는 과정이며 하나님을 찾아가는 영적 순례의 길이었습니다. 청년늘의 삶이 완벽하지 않더라도 조금씩 천천히 성장의 길을 걸어갈 수 있기를 바랍니다. 성장의 길이며, 청소년이 어른이 되기까지는 그 시기가 얼마나 걸리는지 아무도 모릅니다. 어떠한 일이 벌어질지 모릅니다. 그래서 인생의 속도는 중요하지 않습니다. 정확한 방향과 느리게 사는 연습이 필요할 뿐입니다.

인상 깊은 책 가운데 《시속 3마일의 하나님》이라는 책이 있습니다. 하나님의 속도가 왜 하필이면 3마일일까요? 사람이 걷는 속도가 3마일이기 때문입니다. 하나님은 우리가 전력 질주하기보다 하나님과 함께 거닐기를 원하십니다. 그래서 하나님의 속도는 우리와 같은 시속 3마일입니다. 하나님은 절대로 서두르는 법이 없습니다. 나를 달달 볶지 않으시고 재촉하지 않으십니다. 매 순간 내 삶이 흔들릴 때 과속방지턱을 넘는 것처럼 천천히 그리고 느리게 살아가기를 다짐해 보기 바랍니다. 그러면 지금까지 보이지 않았던 것이 보이고 들리지 않았던 소리가 들리게 될 것입니다. 무엇보다 하나님이 우리와 함께 천천히 일하고 계심을 보게 되고 우리를 향한 세밀한 사랑의 음성을 듣게 될 것입니다.

100세를 훌쩍 넘긴 철학자 김형석은 자신도 이렇게 오랜 세월을 살 것을 알 수 없었다고 합니다. 어린 시절 누구보다 병약한 몸으로 뒤처질 수밖에 없었다고 합니다. 그는 젊은 시절 건강하지 않은 몸을 가졌지만 하나님께 헌신하여 주의 종으로, 일꾼으로 살아가겠노라 다짐했다고 합니다. 그렇게 젊은 시절 하나님께 몸과 마음을 드리며 지금까지 후회 없는 인생을 살아왔습니다. 무엇보다 놀라운 것은 100세의 인생 가운데 가장 왕성한 활동을 할 때가 95세 이후였다고 말합니다. 90세의 나이에 들어서 더 많은 글을 쓰게 되고 책을 내게 될 줄 그 누가 알았겠습니까? 이처럼 우리의 인생이 하나님이 허락하신 삶이라면, 우리도 90세가 되어서도 하나님께 쓰임 받게 될 것입니다.

하나님이 세상을 지으신 모든 것에는 때와 시기가 있습니다. 전도서를 보십시오, "범사에 기한이 있고 천하만사가 다 때가 있나니"라고 말합니다.전도서 3장 1절 실제로 우리 주변을 돌아보면 하나님이 지으신 때에 따라 꽃이 핍니다. 1월이 되면 동백꽃이 피고, 2월이 되면 매화가 피고, 3월이 되면 산수유와 목련 그리고 진달래가 핍니다. 그리고 4월이 되면 벚꽃, 유채꽃, 튤립, 철쭉 이렇게 하나님은 하나님이 지으신 순서와 계획에 따라 꽃이 핍니다.

우리의 삶도 마찬가지입니다. 하나님이 이른 나이에 성공하게 하시는 사람이 있는가 하면, 좀 더 시간을 두고 천천히 성장하며 성공하는 사람들도 있습니다. 우리는 줄곧 하나님의 시간표를 모르고 살아가기에 하나님께 원망하기도 하며 불안과 두려움의 시간을 보내기도 합니다. 그러나 하나님은 조급해하는 우리에게 지혜를 주셨습니다. 그것은 영원을 사모하는 마음입니다.전도서 3장 11절 새 번역 성경에는 더 구체적이고 분명한 뜻이 있습니다. 그것은 우리에게 과거와 미래를 생각할 수 있는 마음을 주셨다는 것입니다. 우리는 하나님이 일하시는 시작과 끝을 알 수 없고 그 결과를 알 수도 없습니다. 그러나 하나님은 우리에게 영원을 사모하는 마음, 하나님의 때를 구하는 마음, 하나님의 시간표를 바라볼 수 있는 마음을 주셨습니다. 그래서 우리는 더딜지라도 시기와 때를 따라 살아가는 지혜가 있고 언제든지 아름다운 열매를 맺으며 살아갈 수 있습니다.

나의 인생 늦었다고 자책하지 않기 바랍니다. 뒤처진 것 같아도 아직 우리에게는 시간이 많이 있습니다. 김형석 교수가 90세가 넘어 많은 사람에게 알려진 것처럼 우리에게는 이보다 더 많은 시간이 남아 있습니다. 조급하지 말고 천천히 하나님이 내는 길을 걸어가는 청년이 되기를 바랍니다.

DAILY THINKING

천천히 걸어가면 흔들리지 않습니다.

- 나를 조급하게 하는 것은 무엇인가요?

- 내가 목표한 것을 이루기 위해 얼마만큼의 시간이 필요한가요?

누가복음 21장 19절

너희의 인내로 너희 영혼을 얻으리라

03
싫고 싶은 나

1   여호와의 말씀이 아밋대의 아들 요나에게 임하니라 이르시되

성경은 가장 먼저, 요나가 아밋대의 아들이라는 것을 보여줍니다. 요나의 이름이 나오고 아버지의 이름까지 나옵니다. 유대 전통에는 아버지의 이름까지 붙여서 불리 울 때 완벽한 이름이 됩니다. 아밋대라고 하는 것은 히브리어로 '에메태'라는 단어로서 '진리'를 뜻합니다. 그리고 요나의 이름은 비둘기라는 뜻을 가지고 있습니다. 풀어보면 진리를 전하며 힘차게 날갯짓하는 비둘기가 바로 요나입니다.

    과거에는 내가 '누구의 아들'인가가 중요한 시대였습니다. 가문, 학풍 이러한 배경이 내세울 만한 간판과 같으며 그것은 뒤에서 나를 밀어주는 힘이 되었습니다. 그러나 오늘날 장기간 지속되는 경

기침체와 고용불안, 그리고 높은 실업률은 내가 누구의 아들이라는 것을 잊고 살아가게 합니다. 변동성의 시대에는 내가 믿고 의지하던 대상이 흔들리고 오래도록 변하지 않을 것 같았던 진리가 흔들리는 시대입니다. 이제는 아버지의 이름이 내 인생을 책임지지 못하고, 학교나 기업의 간판도 우리를 책임져 주지 못합니다. 더 이상 이름 뒤에 숨을 수 없습니다. 또 힘들고 어려움이 닥칠 때 우리는 엄마를 찾고 엄마의 이름을 부르기도 했습니다.

인간이 성장하는 과정에서 우리가 부를 만한 이름이 있습니다. 변동성 시대에 영원토록 변하지 않으시는 그분의 이름을 우리는 하나님이라고 부릅니다. 하나님은 우리에게 치유자의 이름으로, 구원자의 이름으로, 창조주의 이름으로, 승리자의 이름으로 왕의 이름으로 선하신 아버지의 이름으로, 총사령관의 이름으로, 총책임자의 이름으로 부를 수 있습니다. 성경에는 더 구체적인 하나님의 이름이 열거됩니다. 여호와 이레, 여호와 샬롬, 여호와 삼마, 여호와 닛시, 여호와 라파입니다. 여호와 이레는 하나님께서 우리를 위해 준비하셨다. 여호와 샬롬은 여호와는 평화의 왕이시다. 여호와 삼마는 하나님이 나와 함께하신다. 여호와 닛시는 하나님은 승리의 하나님이시다. 여호와 라파는 하나님은 치료의 하나님이시다 입니다.

이 모두가 위대한 하나님의 이름으로 불려집니다. 하나님은 한 분이시지만 우리가 어떠한 상황에 있든지 늘 함께하시며 우리의 도움이 되십니다. 흔들리지 않는 삶을 위해서는 잠깐 있다 사라지는 이름이 아니라 영원토록 나에게 힘이 되어주시는 하나님의 이름을 부르며 의지해야 합니다. 그 이름을 부르는 자마다 구원을 얻게 되고 마음에 평안을 얻게 될 것입니다. 하나님의 이름을 날마다 부르며 하루하루를 살아갈 때 하나님은 여러분이 흔들리지 않도록 든든하게 붙잡아 주실 것입니다. 그럴때 우리는 흔들리지 않는 삶을 살아갈 수 있습니다.

DAILY THINKING

의지할 만한 이름이 있다면 흔들리지 않습니다.

• 나를 빛나게 하는 이름은 무엇이었습니까?

• 나를 증명하며, 나를 드러내는 이름은 무엇이었습니까?

• 내가 부르던 하나님의 이름은 무엇이었습니까?

요한복음 17장 26절

내가 아버지의 이름을 그들에게 알게 하였고 또 알게 하리니 이는 나를 사랑하신 사랑이 그들 안에 있고 나도 그들 안에 있게 하려 함이니이다

04
나침반이 없는 나

1   여호와의 말씀이 아밋대의 아들 요나에게
     임하니라 이르시되

　어린 시절에는 아버지 또는 어머니를 생각하며 부모가 걸어왔던 길을 걸어왔습니다. 그것이 안전했고 그렇게 살아야 하는 줄 알았습니다. 과거 아버지는 인생의 나침반이 되어주시고 변하지 않는 북극성처럼 늘 그 자리에서 묵묵히 가정의 중심을 잡고 있었습니다. 그래서 아버지의 말은 하늘과 같았고 자녀들은 그 말씀 하나하나를 마음에 새기고 다짐했습니다. 아버지가 하신 대로, 아버지의 말씀대로, 충고대로 살아왔습니다. 그것이 안전하다고 여겼습니다.

　어린 시절 저에게는 아버지는 모든 것이 완벽해 보였고 철저했습니다. 그러한 아버지에게도 의지하고 따르는 대상이 있었습니다. 아버지는 그분께 모든 것을 다 드렸고, 그분의 뜻에 따랐습니다. 그분은 아버지의 나침반이 되어주시는 하나님이셨습니다. 그러나 저는 아버지의 그늘에 가려 그 크신 하나님이 잘 보이지 않았습니다. 그동안 아버지의 뒷모습만 보며 살아왔는데, 시간이 지나면서 아버지가 바라보며 의지하는 하나님을 저도 바라보게 되었습니다. 어린 아이에서 아이가 되고 진정한 어른이 되기까지 우리는 언제든지 방황할 수 있기 때문에 아버지와 같은 나침반이 필요합니다. 나침반의 특성이 무엇인가요? 누가 들고 있어도, 그것을 어디에 두어도, 어느 곳에 있어도 늘 북쪽을 향합니다. 늘 정확하게 한 방향 북쪽을 가리킵니다. 우리는 헤매고 방황하여도 나침반은 절대로 어느 방향인지 헤매지 않습니다.

오늘 내 인생을 책임져 주시고 나의 가야 할 길을 보여주시는 하나님을 나의 아버지로 영접하고 받아들이는 것은 내 인생의 중요한 나침반이 주어지는 것과 같습니다. 우리 삶에 나침반이 필요할 때는 언제일까요? 첫 번째는 두려움의 순간이 찾아올 때입니다. 내가 스스로 무언가를 결정한다는 것은 언제나 큰 용기가 필요하며 그 어떠한 실패도 감당할 수 있는 마음이 있어야 합니다. 하나님을 아버지로 영접하는 사람은 그 선택과 결정을 내리는 순간을 두려워하지 않습니다. 우리의 나침반 되시는 하나님께서 우리의 판단과 생각을 도우시기 때문입니다. 두 번째는 내가 연약함 가운데 있을 때입니다. 우리는 마음이 약해서 언제든 무너질 수 있습니다. 그러나 나침반 되시는 하나님의 말씀을 들을 때 방황하지 않고 끝까지 믿음의 길을 걸어갈 수 있습니다.

　나침반 되시는 하나님이 내 마음에 거하시면 우리는 끝까지 흔들리지 않고 앞으로 나아갈 수 있습니다. 나침반을 가지고 문제 너머를 바라보고, 사람 그 너머를 바라보며 더 멀리 계시는 하나님의 선하신 뜻과 계획이 있음을 잊지 않기를 바랍니다. 하나님과 함께하면 마치 나침반을 갖고 있는 것과 같이 나를 가로막은 문제 너머를 바라볼 수 있고, 내 앞에 서 있는 사람 너머를 바라볼 수 있습니다. 그 너머에 계신 하나님께 내 시선을 두고 마음을 두기 시작할 때 우리는 더 이상 흔들리지 않습니다.

　어느 시골에 아버지와 아들이 밭을 갈고 있었습니다. 두 시간 동안 밭을 갈던 아버지는 아들에게 쟁기를 넘겨주었습니다. 아직은 어리고 경험이 없는 아들이지만 아버지는 아들에게도 기회를 주고 싶었습니다. 멀리서 아버지가 밭을 갈던 모습을 자주 보았기 때문에 아들은 어렵지 않게 시작할 수 있었습니다. 그런데 시작한 지 얼마 안 돼서 아버지가 옆에 갈던 논밭과 차이가 나는 것입니다. 아버지는 일직선으로 밭을 갈았지만, 아들은 여기저기 비뚤비뚤 오락가락했습니다. 아들은 쟁기질이 쉽지 않자 아버지에게 물어봤습니다. 아버지는 옆을 보지 말고 앞만 보고 갈아보라고 말했습니다. 다시 아들이 밭을 갈기 시작했습니다. 그런데 시간이 지나도 비뚤비뚤합니다. 그리고 다시 밭을 갈라고 말하며 아버지는 아들에게 말했습니다. 이번에는 앞에 있는 목표를 하나 정해서 그것을 바라보고 쟁기질 해라. 아들은 다시 아버지의 말대로 목표를 정하고 밭을 갈았습니다. 여러분! 이번에는 어떻게 되었을까요? 역시나 밭은 곧게 뻗지 못하고 이번에도 비뚤비뚤 좀처럼 나아지지 않았습니다. 잠시 쉬면서 아버지는 아들에게 물어보았습니다. 네가 잡은 목표가 무엇이었냐? 아들이 무엇이라 말했을까요? 아들이 목표로 잡은것은 소의 꼬랑지였습니다. "야! 이 녀석아 꼬랑지는 이리저리 움직이지 않냐…. 당연히 쟁기질이 삐뚤거리지!!!" 아들은 이제야 알아차렸습니다. 아! 앞을 보되 움직이지 않는 고정된 목표를 바라보아야 하는구나. 그리고 아버지의 말대로 저 멀리 버드나무를 보며 밭을 갈기 시작했을 때 아버지와 비슷하게 곧게 갈 수 있었습니다.

아버지는 아들에게 무엇을 가르쳐 주었습니까? 움직이지 않는 목표를 잡아야 흔들리지 않는다는 것을 직접 보여준 것입니다. 우리는 영원한 목표를 붙잡고 살아야 합니다. 그래야 흔들리지 않습니다. 우리는 지금까지 눈앞의 목표, 저 앞의 목표만을 바라보며 달려왔습니다. 목표를 이루고 나면 어떠합니까? 또 다른 목표가 보입니다. 그런데 내가 왔던 방향과 다른 방향으로 가게 됩니다. 우리가 도전적인 삶을 살았던 우리의 발자국을 한참 걸어간 뒤 바라볼 때 아마 저 위에서 바라본다면 우리 인생의 걸어온 발자취는 그때그때 바뀌는 목표로 인하여 비뚤비뚤한 삶을 살아왔다는 것을 알게 될 것입니다.

농부의 아들이 비뚤었던 자신의 쟁기질을 고치고 저 멀리 움직이지 않는 목표를 마음에 두어야 곧게 나아갈 수 있는 것처럼, 오늘 우리가 붙잡아야 할 분명한 목표는 바로 하나님입니다. 우리는 하나님의 영광된 삶을 살아가야 하는 것 입니다.

"그런즉 너희가 먹든지 마시든지 무엇을 하든지 다 하나님의 영광을 위하여 하라." 고전 10:31

저 멀리 하나님의 영광된 삶을 목표로 살아가기 위해 하나님은 우리 가운데 거하시며 그 영광을 바라볼 수 있도록 우리에게 나침반이 되어주십니다.

하나님은 요나가 앗수르 니느웨로 가서 하나님의 영광을 보기 원하셨습니다. 그러나 요나는 반대쪽 다시스를 향합니다. 요나는 자기 자신이 나침반이 되어 자기가 가고자 하는 방향을 바라보았습니다. 한 가지 이야기를 더 들어봅시다. 바쁜 걸음으로 캠퍼스를 가로지르는 대학생과 우연히 마주친 교수님과의 대화의 내용입니다. 교수님은 학생에게 묻습니다. '학생 어디를 그렇게 급하게 가는가?' 학생은 걸음을 멈추고 대답했습니다. '공부하러 갑니다.' 잠시 시간을 내어달라고 하여 교수님은 학생과 대화를 시작했습니다. '그러면 공부하고 무엇을 할 생각인가?' '회사에 취직할 생각입니다.' '그래? 그러면 그다음은?' '이쁜 아내를 만나 결혼하여 가정을 꾸리려고 합니다.' '그리고 그다음은?' '시간이 지나면 나이가 들어 노인이

되겠지요? 그리고 생을 마감하겠지요.'

여러분, 교수가 학생과 대화하면서 무엇을 가르쳐주기를 원했나요? 학생이 꿈꾸고 바라는 인생의 목표가 무엇인지 분명하게 보라는 것입니다. 대학에서 한 학생이 갖고 있는 공부의 목적은 결국 시간이 지나면 어떠한 의미나 가치를 찾을 수 없는 것이었습니다. 주님이 내 마음속에 함께하시면 우리는 가장 위대한 인생의 목적을 발견할 수 있습니다. 그리고 흔들리는 상황 속에서도 끝까지 하나님의 나라 비전을 바라보며 달려갈 수 있습니다. 나침반 되시는 하나님과 늘 동행하는 삶을 통해 하루하루가 가치 있고 의미 있는 삶이 되기를 바랍니다.

DAILY THINKING

하나님이 나침반이 되어주시면 흔들리지 않습니다.

· 나에게 나침반이 필요할 때가 언제인가요?

· 내 마음속에 나침반의 역할을 하는 이가 누구인가요?

시편 139편 10절

거기서도 주의 손이 나를 인도하시며 주의 오른손이 나를 붙드시리이다.

05
따지고 싶은 나

> 2 너는 일어나 저 큰 성읍 니느웨로 가서 그 것을 향하여 외치라 그 악독이 내 앞에 상 달되었음이니라 하시니라

성경에서 '앗'이라고 붙은 단어는 '매우 크다'의 의미가 있는데, 앗수르가 얼마나 큰 나라였는지 생각해 볼 수 있습니다. 특히 지리적으로 볼 때 앗수르는 북이스라엘과 맞닿은 나라입니다. 그리고 앗수르의 니느웨는 어떠한 곳인가요? 니느웨는 성곽의 둘레만 13km라고 합니다. 또 그 성벽은 높이만 30m이며, 또 그 성벽은 내벽과 외벽으로 그 벽 사이에 마차 3대가 충분히 지나갈 수 있는 매우 큰 규모를 자랑합니다. 그래서 열왕기상에는 북이스라엘이 무려 3번이나 앗수르의 공격을 당하고 침략당하여 결국 북이스라엘의 호세아 왕 때 정복당하고 맙니다.

요나가 앗수르로 가지 않고 다시스로 가고자 한 이유는 앗수르

가 이스라엘의 적대 국가이며 이스라엘에 악행을 저지른 나라이기 때문입니다. 그곳까지 가서 복음을 전하고 싶지는 않았습니다. 그래서 하나님의 뜻을 따르지 않고 반항합니다. 실제로 이스라엘이 앗수르에 정복당했을 때 앗수르의 잔혹함은 세계 제일이었습니다. 정복하여 땅을 빼앗을 때도 그 민족의 남자를 다 죽이고. 심지어 여자들은 다 겁탈하기도 했습니다. 그들은 이스라엘 포로들을 잔인하게 다루었습니다. 그런데 하나님이 바로 지금 그곳에 진리의 비둘기, 요나를 보내려고 합니다.

그러나 요나는 반항하여 하나님의 얼굴을 피하며 도망쳤습니다. 왜 하필이면 앗수르인가요? 왜 제가 가야 하나요? 왜 지금인가요? 이렇게 따져 묻는 요나를 보면서 '3요 세대'를 생각하게 됩니다. 오늘날 직장에서는 젊은 청년 세대를 가리켜 3요 세대라고 부릅니다. 3요란? '왜요?', '제가요?', '이걸요?' 이렇게 따져 묻는 세대를 가리킵니다. 직장에서 상사에게, 교회에서 하나님께 당당하게 왜요? 제가요? 이걸요? 이렇게 물음을 던지는 것은 우리 젊은 세대에게는 쌍방향적인 소통의 욕구가 있기 때문입니다. 3요에 대한 답을 듣지 못할 때 청년들은 세상에 등을 돌리고, 기성세대와 담을 쌓고 지내게 됩니다.

청년세대는 늘 배가 고픕니다. 더 배우고 싶고, 더 참여하고 싶고, 더 잘해보고 싶습니다. 그러나 알려주는 이가 없습니다. 돕는 이가 없었습니다. 결국 스스로 깨닫기까지 오랜 시간을 버티며 기다려야 합니다. 오늘날 청년들은 3요 세대입니다. 궁금한 것을 찾아볼 수 있고, 스스로 문제를 해결할 수 있습니다. 그러나 이 '3요'가 해결되지 않으면 마음이 흔들릴 수 있습니다. 청년들에게 분명한 이유와 명확한 목표를 제시하지 못한다면 요나처럼 비뚤어질 수 있습니다. 그러므로 우리는 하나님께 나아가 내 삶의 이유와, 하나님의 부르심, 그리고 하나님의 계획에 대해 답을 구할 수 있어야 합니다.

세상 사람들 가운데에는 대가라고 불리는 사람들이 있습니다. 이들의 특징이 무엇인가요? 시동 소리만 들어도 자동차 어디에 이상이 있는지 알아냅니다. 손으로 만져만 보아도 밥알의 개수가 몇 개인 줄 압니다. 맥을 짚기만 해도 어디에 무슨 이상이 있는지를 찾아냅니다. 이들보다 뛰어나신 하나님은 모든 것을 아십니다. 하나님은 나의 모든 것을 다 아시고 말하지 않아도 내 마음에 무엇이 있는지, 나의 상태를 아십니다. 어떻게 하나님은 우리를 잘 아실까요? 창조주 하나님은 우리를 누구보다 잘 아시며 우리의 마음과 생각을 감찰하시고 기도할 때 구하고 바라는 것이 무엇인지 듣고 계시기 때문입니다.

시편 139편에서 다윗은 이렇게 고백합니다.

> "주께서 내가 앉고 일어섬을 아시고 멀리서도 나의 생각을 밝히 아시오며 나의 모든 길과 내가 눕는 것을 살펴보셨음으로 나의 모든 행위를 익히 아시오니…"

그래서 우리는 모든 것을 다 아시는 하나님 앞에 나아가 하나님의 답을 구하고 뜻을 구해야 합니다. 지혜를 구해야 합니다. 그러면 하나님은 우리의 궁금한 것을 다 보여주시고 알려주십니다. 왜요? 제가요? 이걸요? 이러한 질문을 하나님께 드려보기 바랍니다. 우리는 하나님의 뜻을 더 많이 알게 될 것이며, 하나님의 마음을 더 깊게 이해하게 될 것입니다. 흔들리는 세상 속에서 하나님께 답을 구할 때 우리의 삶은 더 이상 흔들리지 않고 더욱 견고해질 것입니다.

DAILY THINKING

삶의 이유와 목적을 알면 흔들리지 않습니다.

- 생각할수록 막막하게 다가오는 것은 무엇인가요?

- 나는 하나님 앞에서 말씀과 기도로 소통하고 있습니까?

- 하나님께 궁금한 것, 이해가 되지 않는 것을 물어본 적이 있습니까?

신명기 4장 31절

네 하나님 여호와는 자비하신 하나님이심이라 그가 너를 버리지 아니하시며 너를 멸하지 아니하시며 네 조상들에게 맹세하신 언약을 잊지 아니하시리라

06
목표가 없는 나

> 2   너는 일어나 저 큰 성읍 니느웨로 가서 그것을 향하여 외치라 그 악독이 내 앞에 상달되었음이니라 하시니라

하나님이 요나를 앗수르의 니느웨로 보내신 이유가 무엇일까요? 앗수르에는 죄가 가득하여 뉘우치지 않고 여전히 하나님의 사랑을 깨닫지 못했기 때문입니다. 하나님은 언제든지 죄에서 뉘우치면 그 죄를 사하시고 용서하여 주십니다. 하나님은 니느웨에 요나를 보내셔서 하나님의 사랑을 전하게 하셨습니다. 그러나 요나는 앗수르 앞에서 마음이 작아졌습니다. 두려움이 찾아왔습니다. 이스라엘과 적대관계에 있는 곳으로 들어간다는 것은 많은 심적 부담이 있었을 것입니다. 이처럼 소명을 받고 사명지로 가면 제일 먼저 다가오는 것은 '내가 이 일을 어떻게 감당해야 할까?'와 같은 두려움입니다. '나 혼자서 이 일을 어떻게 처리할까?' 하고 염려합니다. '이 일

을 잘하지 못하면 어떡하나?' 하면서 불안해합니다.

그러나 염려하지 않기 바랍니다. 우리가 사명을 붙들면 그 안에 하나님의 계획과 비전은 따라오게 되는 것입니다. 핸드폰을 새로 사면 사은품으로 여러 가지 케이스와 보호필름이 따라오고 기념품들이 줄줄이 엮어서 오는 것처럼 하나님은 우리를 직접 찾아오시고 돌보시며 우리에게 그 일을 감당할 힘도 주시고 지혜도 주십니다. 요나를 앗수르 니느웨에 곳에 보내시는 것은 요나의 무능함을 드러내기 위해서가 아니라 요나를 사용하시는 하나님이 어떠한 분인지를 온 세상에 알게 하기 위해서입니다.

하나님은 여러분이 가진 사명을 통해 하나님의 영광을 드러내기를 가장 기뻐하십니다. 하나님은 당신의 일을 감당하는 자를 축복하십니다. 그래서 사명자에게 중요한 것은 내가 어떠한 상태에 있느냐가 아니라 내가 하나님의 말씀에 어떻게 반응하는가 입니다.

지하 주차장에 주차를 할 때 가끔씩 차가 어디에 있는지 헷갈릴 때가 있습니다. 다행히 자동차 스마트키 버튼을 누르면 저 멀리서 '삐빅' 하는 소리와 함께 양쪽 깜빡이가 '깜빡깜빡'하면서 나 여기에 있다고 자기 위치를 알려줍니다. 참 신기한 게 수백 대의 주차된 차 가운데에서 나의 부름에 반응하는 것은 오로지 제 차뿐이었습니다. 여러 번 그 과정을 거칠 때마다 수백 대의 자동차 가운데 나의 부름에 응답한 제 차가 참 대견했습니다.

이처럼 모든 사람이 다 하나님의 부르심에 응답하는 것은 아닙니다. 하나님이 소명을 깨닫게 하시고 사명을 주신 사람에게만 반응이 나타납니다. 하나님은 지금도 사명자를 찾고 계시고 부르고 계십니다. 수백, 수천 명의 사람들 가운데 하나님은 사명을 가지고 반응하는 자를 통해서 위대한 일을 이루십니다. 하나님께 집중하고 부르심에 순종함으로 반응하는 여러분의 삶이 되기를 바랍니다. 하나님이 주신 사명에 반응할 때 우리는 흔들리지 않는 인생이 될 것입니다.

DAILY THINKING

사명을 가지면 절대로 흔들리지 않습니다.

- 하나님이 나를 보내신 '이곳'에 나에게만 주신 사명은 무엇인가요?

- 하나님이 내 곁에 가장 가까이 계심을 느낄 때는 언제인가요?

- 하나님이 내 삶을 통해 이루어 가시는 일이 무엇이라고 생각하나요?

사무엘상 12장 24절

너희는 여호와께서 너희를 위하여 행하신 그 큰일을 생각하여 오직 그를 경외하며 너희의 마음을 다하여 진실히 섬기라

07
내 뜻대로 안 되는 나

요나는 하나님이 이해되지 않아 피하고 싶었습니다. 니느웨에 가서 복음을 전하고 회개하라고 외치면 하나님이 이들의 죄를 용서해 주시고 은혜를 베푸실 것을 알고 있었기 때문입니다. 아무 일 없었던 것처럼 죄를 용서하시는 하나님이 마음에 들지 않았습니다. 이것이 요나가 하나님을 피하는 이유입니다.

> "주께서는 은혜로우시며 자비로우시며 노하기를 더디 하시며 인애가 크시사 뜻을 돌이켜 재앙을 내리지 아니하시는 하나님이신 줄 내가 알았음이니이다" 요나 4:2

요나는 자기 뜻대로 되지 않는 현실 속에서, 모든 것을 은혜로 풀어가려는 하나님의 방식이 짜증이 났습니다. 죄가 가득한 이방나라 앗수르의 니느웨 사람들이 하나님 앞에 회개하는 것도 싫었고 아무 죄 없는 것처럼 용서받는 것도 싫었고, 악한 행동을 했던 이들이 아무렇지 않게 살아갈 그 모습을 용납할 수 없었습니다. 그래서 요나는 잠시나마 짜증이 나고 도망치고 싶었습니다.

청년의 시기가 내 뜻대로 안 되는 이유가 있습니다. 하나님은 우리를 지으신 창조주이시며 우리는 피조물에 불과하기 때문입니다. 피조물의 역할은 창조주에게 따질 수 없습니다. 창조주의 계획과 의도에 따르는 삶을 살아야 합니다. 하나님이 하시는 일에 대하여 우리가 평가하고 판단하며 그것이 잘못되었다고 하는 것은 하나님을 인정하지 않는 태도입니다.

창조주이신 하나님은 우리의 모든 것을 알고 계시며 어떠한 일이 일어날 것도 다 알고 계십니다. 우리는 그저 하나님의 일하심을 인정하고 하나님의 계획을 인정하며 받아들이면 됩니다. 내 뜻대로 되지 않아 흔들렸던 나의 삶이 하나님이 하나님 되심을 인정할 때에 우리는 변동성의 시대에 흔들리지 않는 삶을 살아갈 수 있습니다.

DAILY THINKING

하나님을 인정할 때 우리는 흔들리지 않습니다.

- 부당한 일을 겪었을 때 나는 어떻게 대처했나요?

- 부당하다고 생각하는 일들은 왜 생기게 될까요?

- 하나님의 주권과 계획이 있음을 언제 느끼게 되나요?

이사야 55장 8~9절

이는 내 생각이 너희의 생각과 다르며 내 길은 너희의 길과 다름이니라 여호와의 말씀이니라 이는 하늘이 땅보다 높음 같이 내 길은 너희의 길보다 높으며 내 생각은 너희의 생각보다 높음이니라

흔들리지 않는 삶을 위한 요나의 법칙

1. 나를 모르는 나!
   그러나 하나님의 부르심을 알면 우리는 흔들리지 않는다.

2. 빨리가고 싶은 나!
   천천히 걸어가면 결코 흔들리지 않는다.

3. 숨고싶은 나!
   의지할 대상이 있으면 흔들리지 않는다.

4. 나침반이 없는 나!
   하나님이 나의 나침반이 되어주시면 흔들리지 않는다.

5. 따지고 싶은 나!
   내가 살아가는 이유와 목적을 알면 흔들리지 않는다.

6. 목표가 없는 나!
   사명을 가지면 절대로 흔들리지 않는다.

7. 내 뜻대로 안되는 나!
   하나님을 인정하면 흔들리지 않는다.

흔들리지 않는 삶의 비결

변동성의 시기, 흔들리지 않는 삶을 위해서는 정체감을 성취하는 삶으로 나아가야 합니다. 정체성 이론가로 잘 알려진 마샤 Marcia, 1976는 인간이 갖는 정체감은 두 가지에 의해 결정된다고 보았습니다. 가장 먼저 인간의 정체성을 결정하는 것은 첫째는 위기입니다. 위기는 인간이 갖는 고민과 갈등, 방황, 숙고하는 과정을 말하며 그 속에서 이뤄지는 기나긴 탐색 과정을 말합니다. 그리고 두 번째는 관여입니다. 관여는 주어진 역할과 과제에 몰두하여 자기 뜻에 따라 선택하고, 결정해 나아가는 것을 말합니다. 이 두 활동이 정체성을 형성하는 데 매우 중요하다고 할 수 있습니다. 더 풀어서 설명하자면, 인간의 정체성은 위기와 관여, 즉, 인간의 성장 과정에서 주어지는 역할과 과제에 대하여 고민하며 탐색하는 과정에서 그 책임을 회피하지 않고 스스로 선택하고 결정할 때 획득하게 됩니다.

정체성은 나이를 먹는다고 하여, 시간이 지난다고 하여 오랜 인생의 경험이 많거나 단순히 철학적 사고에 의해 형성되는 것이 아닙니다. 위기와 관여가 동시에 일어날 때 성취해 나아갈 수 있습니다. 정체성의 형성은 위기고민와 관여참여로 이루어지는 것입니다.

우리는 마샤의 정체성 이론을 통해서 많은 청년이 갖고 있는 정체성의 유형과 특징을 분석할 수 있습니다. 구체적으로 마샤의 이론을 토대로 정체성의 상태를 네 가지로 차례대로 분류해 보면 다음과 같습니다.

첫째, 정체성의 혼미

청소년 및 청년 시기에 무엇을 해야 할지 모르는 상태이며, 어떠한 노력이나 탐색, 고민이 없는 상태입니다. 그 결과로써 어떠한 상황에서도 스스로 결정을 내리지 못하고 선택과 고민에 있어 늘 주저합니다. 이러한 상태를 '정체불명'의 상태라고 말합니다. 내가 무엇을 좋아하는지, 무엇을 원하는지, 무엇을 해야 하는지, 무엇을 준비해야 하는지 아무것도 준비가 안 되어있는 상태입니다. 이들의 특징을 보면, 목표가 자주 바뀌며, 늘 정신이 없는 사람처럼 바쁘다고 말하며, 자기의 꿈과 계획이 아직 정리되지 않은 상태입니다. 이러한 상태를 가진 청년을 '컨퓨징'Confusing 세대, 즉 혼란의 세대라고 부릅니다.

둘째, 정체성의 유실

　청소년 및 청년의 시기에 진로의 고민이나 탐색을 거치지 않고 충동적이고 즉흥적인 판단과 결정을 내리는 상태입니다. 예를 들면 '아버지가 의사라서 나도 의대로 가야 할 것 같아.' '목회자의 아들이니 나도 당연히 목회자가 되어야 할 것 같아.' '운동을 잘하니깐 주변에서 체대에 가면 좋을 것 같다고 해서 체대에 왔어.' 이러한 젊은이들의 정체성은 다른 사람이 갖는 생각이나 권위에 쉽게 복종합니다.

　그래서 부모나 다른 사람의 기대에 충족되기 위해서 그들의 생각과 판단에 나의 정체성을 두려고 합니다. 지금 당장은 안정적으로 보일 수도 있지만 시간이 지나고 사회경험을 통해서 뒤늦게 정체성의 위기가 찾아올 수 있습니다. 이러한 청년들은 끊임없이 자기가 원하고 바라는 인생의 모습을 찾기 위해 직장을 옮기기도 하며, 자신의 결정보다 다른 사람의 뜻에 따라 인생을 탐색합니다. 결국 자신의 정체성을 잃어버리는 상태가 되는 것입니다.

셋째, 정체성의 유예

　정체성의 위기를 겪으며 진지하고 고민하며, 진로를 위해 배우자를 위해 가치관 형성을 위해 수많은 의견을 청취하고 조언을 듣습니다. 그러나 경제적 위기와 같은 사회 변화에 의해서 선택과 결정을 잠시 보류하게 됩니다. 이러한 상태를 정체성 유예기라고 말합니다. 이러한 정체성의 유예기에는 많은 시간이 필요하며 곁에서 이야기를 함께 나눌 수 있는 멘토의 역할이 중요합니다. 이처럼 정체성을 찾지 못하는 세대는 유랑하며 떠도는 플로팅Floating 세대[12]가 될 것입니다.

넷째, 정체성의 성취

정체성 형성을 위한 인생의 다양한 과제 앞에서 많은 고민과 탐색의 시간을 거친 후 스스로 의사결정을 내릴 수 있는 상태를 말합니다. 청년의 시기 위기와 관여가 동시에 나타날 때 인생의 가치관을 결정하고, 직업을 선택하며, 배우자를 선택하는 자기 결정의 과정을 반복하게 됩니다. 이러한 과정을 거치면서 우리는 점점 더 성숙한 어른이 되어갑니다.

요나는 지금 어떠한 정체감의 상태일까요? 요나는 정체감의 혼미를 겪고 있습니다. 내가 누구인지, 내가 무엇을 해야 하는지 진지한 고민 없이 순간적인 판단으로 최악의 상황을 맞이하고 있습니다. 지금 나의 정체감은 어떠한 상태인가요? 정체감 혼미와 유실, 유예 그리고 성취에 이르기까지 나의 정체감의 상태를 점검할 수 있기를 바랍니다. 오늘날 많은 청년이 온라인 안에서 전시와 감시의 인생을 살아가면서 다른 사람이 바라보는 나에 대해 느끼는 감정과 나를 바라보는 왜곡된 감정으로 살아가고 있습니다.

　오늘날 한국 사회는 정체성 혼돈의 시기입니다. 정체감을 형성해 나아가는 과정에서 정체감 유실을 경험할 수 있고, 정체성의 유예가 될 수 있습니다. 그럼에도 여러분 실수하더라도 괜찮습니다. 하나님 앞에 서기 바랍니다. 기도하며 헌신과 결단의 자리에 나아가기를 바랍니다. 우리는 하나님의 자녀로서 유한한 인생을 스스로 탐색하며 선택하고 결정할 수 있는 자유의지를 가지고 있습니다. 우리에게는 하나님의 자녀로서 선택할 권리가 있고 실수할 수도 있습니다. 그러나 선택과 결정이 나와 이웃과 하나님이 기뻐하는 선택이 되도록 끊임없이 기도하며 생각하십시오. 하나님의 나라를 위한 헌신과 수고의 자리로 나아갈 때 하나님은 우리를 위대한 하나님의 뜻을 이루어 가는 성취와 기쁨의 자리로 세우실 것입니다.

1. 짜증만 가득한 나
2. 빛나고 싶은 나
3. 늘 방황하는 나
4. 잘 풀리지 않는 나
5. 작아지는 나
6. 무책임한 나
7. 고집을 꺾지 않는 나

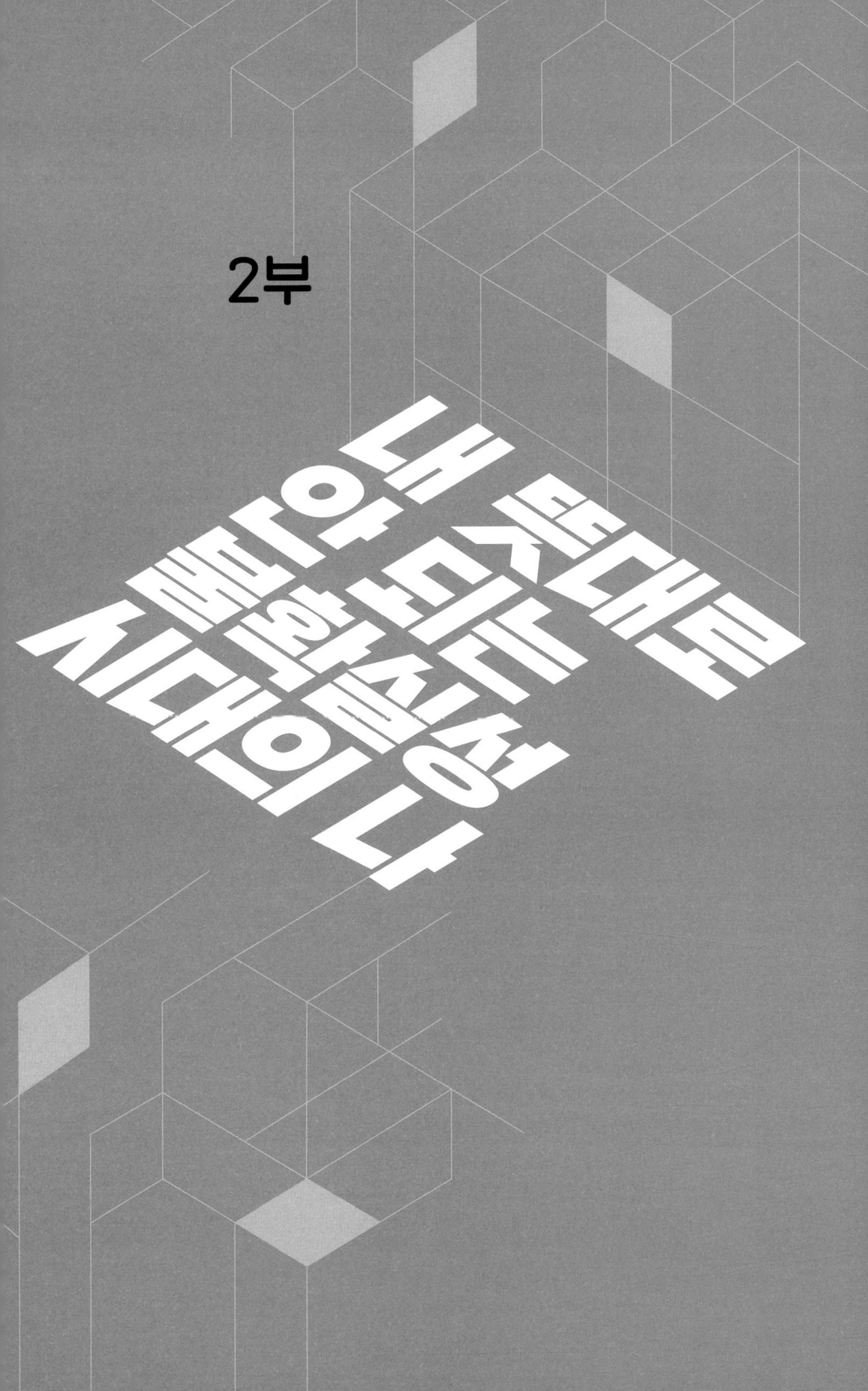

2부

내 분야에서 지식을 확장해 나가며

요나 1장 3-16절

3 그러나 요나가 여호와의 얼굴을 피하려고 일어나 다시스로 도망하려 하여 욥바로 내려갔더니 마침 다시스로 가는 배를 만난지라 여호와의 얼굴을 피하여 그들과 함께 다시스로 가려고 배삯을 주고 배에 올랐더라

4 여호와께서 큰 바람을 바다 위에 내리시매 바다 가운데에 큰 폭풍이 일어나 배가 거의 깨지게 된지라

5 사공들이 두려워하여 각각 자기의 신을 부르고 또 배를 가볍게 하려고 그 가운데 물건들을 바다에 던지니라 그러나 요나는 배 밑층에 내려가서 누워 깊이 잠이 든지라

6 선장이 그에게 가서 이르되 자는 자여 어찌함이냐 일어나서 네 하나님께 구하라 혹시 하나님이 우리를 생각하사 망하지 아니하게 하시리라 하니라

7 그들이 서로 이르되, 자 우리가 제비를 뽑아 이 재앙이 누구로 말미암아 우리에게 임하였나 알아 보자 하고 곧 제비를 뽑으니 제비가 요나에게 뽑힌지라

8 무리가 그에게 이르되 청하건대 이 재앙이 누구 때문에 우리에게 임하였는가 말하라 네 생업이 무엇이며 네가 어디서 왔으며 네 나라가 어디며 어느 민족에 속하였느냐 하니

9 그가 대답하되 나는 히브리 사람이요 바다와 육지를 지으신 하늘의 하나님 여호와를 경외하는 자로라 하고

10 자기가 여호와의 얼굴을 피함인 줄을 그들에게 말하였으므로 무리가 알고 심히 두려워하여 이르되 네가 어찌하여 그렇게 행하였느냐 하니라

11 바다가 점점 흉용한지라 무리가 그에게 이르되 우리가 너를 어떻게 하여야 바다가 우리를 위하여 잔잔하겠느냐 하니

12 그가 대답하되 나를 들어 바다에 던지라 그리하면 바다가 너희를 위하여 잔잔하리라 너희가 이 큰 폭풍을 만난 것이 나 때문인 줄을 내가 아노라 하니라

13 그러나 그 사람들이 힘써 노를 저어 배를 육지로 돌리고자 하다가 바다가 그들을 향하여 점점 더 흉용하므로 능히 못한지라

14 무리가 여호와께 부르짖어 이르되 여호와여 구하고 구하오니 이 사람의 생명 때문에 우리를 멸망시키지 마옵소서 무죄한 피를 우리에게 돌리지 마옵소서 주 여호와께서는 주의 뜻대로 행하심이니이다 하고

15 요나를 들어 바다에 던지매 바다가 뛰노는 것이 곧 그친지라

16 그 사람들이 여호와를 크게 두려워하여 여호와께 제물을 드리고 서원을 하였더라

01
짜증만 가득한 나

> 3 그러나 요나가 여호와의 얼굴을 피하려고 일어나 다시스로 도망하려 하여 욥바로 내려갔더니 마침 다시스로 가는 배를 만난지라 여호와의 얼굴을 피하여 그들과 함께 다시스로 가려고 뱃삯을 주고 배에 올랐더라

요나는 하나님 얼굴을 피하여 도망쳤습니다. 요나는 감정적인 사람이었고 하나님의 생각보다 자기 생각이 먼저였습니다. 그래서 가능하면 하나님의 얼굴을 피해서라도 자기의 생각을 끝까지 펼치고 싶었습니다. 우리도 하나님의 눈을 피해서 숨고 싶을 때가 있습니다. 하나님이 이번만큼은 눈 감아 주었으면 좋겠고 하나님도 모른 체 했으면 얼마나 좋을까 하는 마음이 들 때가 있습니다. 지금이 바로 그때입니다. 요나는 하나님 없이, 하나님 몰래, 자기가 하고 싶은 일을 해야 직성이 풀리는 사람입니다.

우리도 하나님의 얼굴이 불편하게 다가올 때가 있었습니다. 하나님이 싫어하는 일인 것을 알면서도 포기하지 않을 때 고집을 부

릴 때입니다. 감히 하나님이 계시지 않다고 말하지는 않았지만, 행동을 보면 하나님이 계시지 않는 것처럼 행동할 때가 있습니다. 그럴 때 마음이 불편하고 하나님께 죄송한 마음이 들 때가 있습니다.

청년 시절 하나님 없이도 많은 일을 할 수 있을 것처럼 보였고 하나님이 계시다는 사실이 반갑기보다 불편하게 다가올 때가 있었습니다. 청소년 시기 목회자의 아들이라는 사실에 사람들의 관심의 대상에서 벗어나고 싶었고 신학 공부를 하기보다 세상에서 내가 하고 싶은 공부를 찾아 나서기도 했습니다. 더 어린 시절에는 주일 헌금을 드리지 않고 오락실에 가서 게임을 하면서 하루 종일 하나님의 얼굴을 피해 다니기도 했습니다.

유난히 얼굴이 어둡고 고개를 들지 못하는 사람들이 있습니다. 마음에 근심이 있고 걱정이 가득하기 때문입니다. 많은 청년이 그러한 모습으로 다가올 때 다시 고개를 들어 하나님을 바라보자고 격려합니다. 기도 생활에 더 집중하고 하나님의 말씀을 약속의 말씀으로 마음에 새기자고 권면합니다. 그리고 다음 주가 되면 다시 밝은 얼굴로 마주하게 됩니다. 사진을 찍을 때도 바로 버리는 사진이 있습니다. 해를 등지고 찍을 때입니다. 해를 등지면 얼굴이 어둡게 보입니다. 마찬가지로 우리의 삶도 하나님을 등지지 말고 주님을 바라보는 마음으로 살아야 합니다. 그때 내 영혼에 햇빛이 비치며 어둠이 떠나가게 됩니다.

내가 행한 결과와 상관없이 늘 한결같은 모습으로 나를 바라보는 하나님의 얼굴이 있습니다. 내가 실수하여도 괜찮다고 말씀해 주시고, 내가 부족하여도 늘 미소 지으시며 바라보시는 하나님의 얼굴이 있습니다. 수많은 청년이 직장 문제로 결혼 문제로 점점 인생의 희망이 사라지고 우울해지는 요즈음, 그 어둠을 지나가게 하시는 것이 하나님의 얼굴입니다. 하나님의 둥근 얼굴이 늘 나를 비추고 있습니다. 그 하나님은 한 번도 나를 불편하게 여기지 않으시며 나를 피하지 않으시고 한결같이 나만 바라보고 계셨습니다.

프랑스의 루브르 박물관에는 레오나르도 다빈치가 그렸던 모나리자라는 그림이 있습니다. 이 그림은 17세기 키아로스쿠로 Chiaroscuro 기법으로 제작되었습니다. 이 그림이 신비한 것은 모나리자를 감상하는 사람이 어느 자리에 있든지 그 그림이 나를 바라본다는 것입니다. 내가 오른편에서 그림을 바라보아도, 왼편에서, 저 멀리서, 저 위에서 그림을 볼 때도 모나리자는 내가 서 있는 그곳을 정확히 바라보고 미소를 짓고 있습니다. 이처럼 하나님은 내가 어디에 있든지 어떠한 상황에 있든지 어떠한 어려움을 겪고 있는지를 다 보시고 아십니다. 늘 한결같은 모습으로 하나님은 우리를 바라보시며 미소를 지으십니다.

그러므로 내가 걷는 길이 불확실하여 불안하다고 하여 포기하지 않기를 바랍니다. 그 코너 너머에 우리를 기다리시는 하나님의 미소를 생각하며 두려움 없이 달려가기를 바랍니다. 지금 이 순간도 여러분을 밝은 빛으로 비추고 계시는 하나님의 얼굴이 있습니다. 모든 것이 불확실하다고 여길지라도 나를 사랑하시는 하나님의 얼굴은 변하지 않습니다. 우리를 긍휼히 바라보시며 사랑의 눈으로 바라보고 계십니다. 그 밝은 하나님의 얼굴이 우리를 향할 때 우리의 생각은 점점 밝아지고 내 마음에 불안과 두려움은 다 떠나가게 되는 것입니다.

어린 시절 《월리를 찾아라》 그림책을 본 적이 있습니다. 그 책을 보면 많은 그림에 수많은 사람의 얼굴이 있습니다. 월리는 도시에도 출현하고 바닷가에도 출현하고 동물원이나 놀이공원에도 출현합니다. 그 속에서 월리를 찾는 것입니다. 월리와 같은 옷을 입고 있고, 같은 표정을 짓고 있는 사람들이 수두룩하게 보이지만 정말 찾아야 할 얼굴은 단 하나였습니다. 그 얼굴을 찾기까지 초조하기도 했지만, 찾는 순간 행복감이 밀려왔습니다.

오늘 하루 분주한 시간을 보내고 있다면 삶이 불확실한 상황 속에서도 끝까지 월리를 찾듯이 하나님을 찾아보기 바랍니다. 수많은 사람의 얼굴 중에 가장 밝은 모습으로 웃음 짓고 계시는 확실한 하나님의 얼굴이 둥근 해처럼 떠오르게 될 것입니다.

DAILY THINKING

나는 확실히 하나님의 형상으로 지음 받은 하나님의 자녀다

- 내가 피하고 싶은 얼굴은 누구입니까?

- 내게 반가운 얼굴로 다가오는 사람은 누구인가요?

- 그중에 나를 긍휼히 바라볼 한 사람은 누구인가요?

- 나에게 힘과 용기를 주는 가장 확실한 한 사람은 누구일까요?

시편 145편 8절~9절

여호와는 은혜로우시며 긍휼이 많으시며 노하기를 더디 하시며 인자하심이 크시도다 여호와께서는 모든 것을 선대 하시며 그 지으신 모든 것에 긍휼을 베푸시는도다

02
빛나고 싶은 나

3 그러나 요나가 여호와의 얼굴을 피하려고 일어나 다시스로 도망하려 하여 욥바로 내려갔더니 마침 다시스로 가는 배를 만난 지라 여호와의 얼굴을 피하여 그들과 함께 다시스로 가려고 뱃삯을 주고 배에 올랐더라

하나님은 요나에게 니느웨로 가서 백성들에게 죄를 회개하라고 하셨습니다. 그러나 요나의 선택은 다시스였습니다. 니느웨가 동쪽에 있다면 다시스는 서쪽입니다. 이곳은 오늘날 스페인입니다. 요나는 하나님의 얼굴을 피하여 하나님과 반대 방향으로 달려갔습니다. 그리고 다시스를 가는 배를 타기 위해 뱃삯을 지급하였습니다. 다시스는 어떠한 곳이었을까요? 다시스는 그 단어의 속에는 '보석' 타르쉬쉬 이라는 뜻을 가지고 있습니다. 당대 사람들에게 미항으로 알려져 있으며 또한 주전 7~6세기에는 지중해의 해상 무역항으로서 여러 지역과 무역이 성행했습니다.

이처럼 다시스는 니느웨보다 훨씬 흥미롭고 매력이 넘치는 지역

으로서 '행복', '성공', '풍요',' 향락', '명예'와 '권력'과 같은 단어가 떠오릅니다.[7] 이러한 다시스를 보면서 요즘 청년들에게 다시스란 '인스타그램' 이었구나! 하고 무릎을 쳤습니다. 인스타그램은 24시간 빛나는 곳입니다. 전 세계 수많은 젊은이들이 자기 사진을 올리고 일상과 생각을 공유하면서 많은 조회수와 좋아요라는 '인정'과 '칭찬'에 푹 빠져 있는 곳입니다. 청년들이 살아가는 시대는 앞날이 어둡고 불안합니다. 그러나 인스타에 가면 다른 곳에서 받을 수 없는 칭찬과 격려가 가득하고 내 모습이 별처럼 반짝입니다. 그래서 인스타그램에는 절망이 없다고 말합니다.

불확실한 시대 인스타그램은 자신의 존재를 확실히 드러내는 공간입니다. 그러나 인스타그램이나 페이스북처럼 온라인의 SNS에서 편집된 이미지로서 가상 세계인 온라인에서 드러난 나는 진짜의 모습이 아닌 가공의 편집된 모습일 수 있습니다. 가상과 현실의 흐릿한 경계 안에서 무엇이 진짜 나의 모습인지 정체성의 혼돈이 올 수 있습니다. 그래서 청년들에게 인스타그램의 계정이 삭제된다는 것은 자기의 자아를 송두리째 잃어버리는 것 같은 충격을 주는 것입니다.

청년들은 SNS에서 자신의 존재가 잊힐 것을 두려워하며, 절망과 좌절에 빠지지 않기 위해서 지금도 열심히 포스팅하며 살아갑니다. 청년들은 "우리는 포스팅한다 고로 존재 한다"[8]를 외치며 전시된 인생을 살아가고 있습니다. 오늘날 대표적 SNS로서 카카오톡,

페이스북, 인스타그램, 유튜브 그리고 틱톡에 이르기까지 세상은 우리를 전시하고 보여주라고 말합니다. 온라인 가상 세계에서는 다른 사람의 평가와 인정을 받는 것이 중요하다고 재촉합니다. 이것은 잠재적으로 타인의 시선을 의식하며 살도록 우리를 프로그램화하고 있는 것이며 오랜 시간 SNS에 머물게 하여 타인의 삶을 엿보고 평가하고 추종하는 삶을 살아가도록 설계되어 있습니다. 더 나아가 지금보다 더 많은 인기와 관심 그리고 더 강렬한 인정 욕구를 갖도록 우리를 자극합니다.

그러나 우리가 누구입니까? 온라인이나 현실 세계에서도 우리는 누군가에게 평가받지 않아도 될 만큼 존귀한 하나님의 형상으로 지음 받은 자들입니다. 그 누구도 하나님의 형상을 자기 마음대로 평가할 수 없습니다. 세상 수많은 사람이 나를 바라보고 있지만 더 중요한 시선은 이 세상을 지으시고 나를 사랑의 눈으로 바라보시는 하나님의 시선입니다. 우리가 하나님의 형상이라는 것은 이미 우리 안에 빛나고 아름다운 것이 가득하다는 것입니다. 빛나는 곳에 가야 인생이 빛나는 것이 아니라 우리는 스스로 빛이 나는 사람입니다. 빛이신 주님이 내 안에 계시기 때문입니다. 하나님의 관심과 인정과 격려를 받고 살아가는 사람이 될 때 내가 누구에게 어떻게 보일까를 염려하지 않게 됩니다. 여러분들이 왜곡된 자아로 살아가지 않기를 바랍니다. 이제는 내가 하나님 앞에 어떠한 사람인지를 늘 고민하는 사람이 되기를 바랍니다.

DAILY THINKING

빛이신 주님이 늘 함께하시면 절망은 없습니다.

- 내가 가진 무엇이 가장 빛나고 아름다운가요?

- 나를 밝게 빛나게 하는 곳은 어디인가요?

- 내가 주목받을 때 갖게 되는 마음은 무엇인가요?

이사야 60장 19절~20절

다시는 낮의 해가 네 빛이 되지 아니하며 달도 네게 빛을 비추지 않을 것이요 오직 여호와가 네게 영원한 빛이 되며 네 하나님이 네 영광이 되리니 다시는 네 해가 지지 아니하며 네 달이 물러가지 아니할 것은 여호와가 네 영원한 빛이 되고 네 슬픔의 날이 끝날 것임이라

03
늘 방황하는 나

> 3 그러나 요나가 여호와의 얼굴을 피하려고 일어나 다시스로 도망하려 하여 욥바로 내려갔더니 마침 다시스로 가는 배를 만난 지라 여호와의 얼굴을 피하여 그들과 함께 다시스로 가려고 뱃삯을 주고 배에 올랐더라

요나가 향한 곳은 어디였나요? 요나는 하나님의 얼굴을 피하여 가장 빛나는 다시스로 향하기 위해 욥바로 내려갔습니다. 그곳에 가니 정말 운이 좋았는지 다시스로 가는 배를 만나게 됩니다. 아마도 요나는 하나님의 뜻보다 자기 뜻이 옳다는 것을 하나님 앞에 드러내고 싶었을 것입니다. 그리고 뱃삯을 주고 배에 올라탔습니다. 그는 하나님을 피하고 싶어 도망치듯 모든 것을 팔아 뱃삯을 구했는지도 모릅니다. 요나는 스스로 삶의 목적지를 정해놓았고, 인생의 핸들을 쥐고 자기만의 좌표를 향하여 나아가고 있습니다. 요나에게 있어 절대 좌표는 오로지 다시스였습니다.

청년의 시기 우리는 꿈과 비전을 가지고 자기만의 좌표를 향하

여 나아가야 합니다. 그런데 헷갈리지 말아야 하는 것은 우리 인생의 최종 목표는 잠깐 동안 반짝이는 '다시스'가 아닙니다. 우리의 절대좌표는 영원히 반짝이는 하나님입니다. 지금 당장의 다시스가 아니라 우리가 끝까지 지향하며 살아가야 하는 목표가 되어야 합니다. 하나님이 내 삶의 목적이 되지 않고서는 열정만 가진 요나처럼 하나님과 반대 방향으로 달려갈 수 있습니다. 그러나 하나님의 말씀은 우리에게 좌표가 되고, 그분의 생각과 계획은 우리가 끊임없이 추구해야 하는 절대좌표입니다. 더 나아가 하나님을 절대좌표로 삼는 사람은 늘 구하고, 묻고, 하나님의 뜻을 구합니다.

많은 사람이 하나님을 믿는다고 하면서도 세상의 가치관을 따라 많은 돈을 벌고 남부럽지 않은 삶을 살아가는 것을 목표로 삼고 있습니다. 그것이 인생의 큰 행복이며 절대좌표라고 여기며 살아갑니다. 오랜 시간 청년 사역을 하면서 외쳤던 구호는 하나님을 먼저 생각하고, 하나님을 목표로 두며, 하나님을 향하여 나아가자 입니다. 오랜 시간 청년 4명과 함께 4주간 절대좌표가 되어주시는 하나님께 초점을 맞추는데 많은 시간을 쏟았습니다. 나에게 비전을 주시는 분이 누구인지, 나에게 소명을 주시는 분이 누구인지, 나에게 사명을 주시고 사명을 감당하게 하시는 분이 누구인지, 늘 시선이 하나님께로만 향하도록 옆에서 도왔습니다. 하나님께만 마음을 두고, 하나님만 예배하는 인생이 되자고 기도하면서 한 마음으로 하나님께 집중하였더니 답답했던 문제가 풀어지고 오래도록 씨름했던 문제들이 저절로 해결되는 경험을 했다고 말합니다.

지금도 수많은 청년이 더 좋은 직장을 구하기 위해 이직을 꿈꾸고, 나만의 다시스를 향하고 있습니다. 지금 내 삶의 자리보다 더 좋은 자리가 있다는 것을 믿으며 어딘지도 알지 못하는 '다시스'를 향하여 이력서를 쓰며 내가 가장 빛나는 곳이 어딘가에 있을 거라는 생각하며 하루하루를 살아갔습니다. 그런데 인생의 다시스를 찾았다고 좋아하던 청년들은 지금도 만족하거나 행복해 보이지 않습니다. 여전히 또 다른 '다시스'를 찾아 이직을 준비하고 또 다른 연애를 꿈꾸고 있었습니다.

청년부에서 4명의 친구들과 멘토링을 실시했을 때 상황이 힘들고 어렵고 힘든 청년들을 만났습니다. 코로나 팬데믹으로 인하여 갑작스럽게 직장을 옮기게 되고 그렇게 오랫동안 준비하던 이직도 잘 되지 못하는 상황이었습니다. 또 경제적으로 어려운 환경 속에서 자신의 꿈을 펼쳐 나가기에는 너무나 두렵고 불안해 보였습니다. 그러나 청년들 한 명 한 명 멘토링을 통해서 불확실한 시대에 오직 하나님만이 우리가 추구할 목표가 되심을 깨닫고자 주님께만 온전히 집중하기로 했습니다. 그렇게 시간이 지났습니다. 이들의 삶은 어떻게 달라졌을까요? 연봉이 오른 것도 아니고 더 좋은 대우를 받는 직급도 아님에도 그들의 얼굴에 웃음꽃이 피어있습니다. 더 이상 어두운 모습이 아니었습니다. 제가 구체적으로 직업 상담이나 진로상담을 한 것도 아니었지만 인생의 절대 좌표를 찾기 위해 기도의 자리로 나가고, 은혜의 자리로 나가자고 했습니다. 그리고 얼마 후 다시 만날 때에 청년들의 얼굴에서 환한 웃음꽃이 핀 것을 보았습니다. 인생의 절대 좌표인 주님을 찾으니 그제야 마음에 평안함이 찾아왔기 때문입니다.

오늘날 자율주행 자동차가 많이 등장하고 있습니다. 내가 가야 할 목적지를 입력하기만 하면 차량 내비게이션이 내가 가야 할 길과 목적지를 화면으로 보여줍니다. 그리고 우리는 편하게 앉아서 도착지점까지 얼마나 빨리갈 수 있는지, 가는 길이 얼마나 되는지 실시간으로 교통정보를 제공받게 됩니다. 저는 이러한 모습이 하나님과 함께 동행하는 삶의 모습이라 생각합니다. 우리가 어디로 가야 하는지, 내가 지금 어디로 향하고 있는지 모르는 상황일지라도 겁먹지 않기 바랍니다. 오직 하나님은 우리 인생의 좌표를 알고 계십니다. 그 하나님을 신뢰하며 나의 핸들을 주님께 맡길 때 우리는 주님 안에서 참된 평안을 누릴 수 있습니다. 내가 주인 삼은 내 삶의 핸들을 주님께 내어 드릴 때 주님은 내가 알지 못했던 미지의 세계로, 은혜의 바다로, 우리를 이끌어 주실 것입니다. 우리를 향한 하나님의 선하신 계획을 끝까지 신뢰할 수 있기를 바랍니다.

DAILY THINKING

나를 이끄는 가장 정확한 좌표가 있다.

- 내가 하는 일 가운데 가장 의미 있다고 생각하는 것은 무엇인가요?

- 내가 잘할 수 있는 가장 확실한 한 가지는 무엇인가요?

- 자리를 잡지 못하고 가장 길게 방황했던 적은 언제였나요?

요한복음 14장 1절

너희는 마음에 근심하지 말라 하나님을 믿으니 또 나를 믿으라

04
잘 풀리지 않는 나

> 4 여호와께서 큰바람을 바다 위에 내리시매 바다 가운데에 큰 폭풍이 일어나 배가 거의 깨지게 된 지라

하나님은 배를 타고 다시스로 향하는 요나를 추격하십니다. 하나님은 요나가 당신이 주신 사명을 깨닫기를 원하셨고 언제든지 돌이키길 원하셨습니다. 요나는 자유의지를 가지고 가장 좋아 보이고 자기 소견에 옳은 것을 선택했습니다. 그런데 그 결과는 무엇입니까? 성경은 요나가 다시스로 향할 때 큰바람을 만나고, 큰 폭풍이 일어났다고 말합니다. 내가 생각하는 것이 다 좋아 보이지만, 실상은 그렇지 않을 때가 있다는 것입니다. 하나님은 요나의 인생에 개입하심으로 그의 인생에 거짓된 자아감을 깨지고 부서지게 하셨습니다.

바다 가운데 폭풍을 만나고 배가 깨지는 순간, 요나는 무슨 생각을 했을까요? 하나님이 길을 열어주지 않는다고 생각했을 것입니

다. 하나님은 거짓된 자아를 깨뜨리시며, 그 깨어진 틈을 통해 우리의 인생에 들어오기를 원하십니다. 그것이 하나님 아버지의 마음입니다. 나의 오랜 계획이 산산조각 날 때가 있고, 가루처럼 분쇄되어 내 자신을 잃어버릴 때도 있습니다. 우리는 질그릇처럼 깨지기 쉬우나, 그 안에 주님이 계심으로 깨질수록 빛이 나고, 부서질수록 주님의 영광이 드러나도록 우리를 지으셨고, 지금도 그렇게 우리를 사용하십니다.

"우리가 이 보배를 질그릇에 가졌으니 이는 심히 큰 능력은 하나님께 있고 우리에게 있지 아니함을 알게 하려 함이라"(고후 4:7)

주님은 깨지기 쉬운 우리 가운데 항상 계십니다. 주님은 우리가 보배를 담은 질그릇이라고 말씀하십니다. 부서지고 깨지는 순간을 두려워하지 않기를 바랍니다, 도리어 그 순간이 와야 우리는 심히 큰 능력을 드러낼 수 있습니다. 인생마다 가장 불확실한 시기가 있습니다. 내가 원하는 대로 되지 않고 불안과 두려움이 많아질 때입니다. 젊은 목회자 시절 목회지를 구하기 위해 이력서를 여러군데 넣어봤습니다. 그러나 모두 다 거절을 당했습니다. 여기저기서 연락이 올 줄 알았습니다. 그러나 현실은 달랐습니다. 전화가 오는 곳은 없었고 죄송하다는 메일만 도착했습니다. 이게 어찌 된 일인가 싶었습니다. 마음이 답답하고, 누군가 내 앞길을 가로막고 있다는 생각이 들었고, 마음이 불편해지기 시작했습니다. 주변의 사람들을 미워하기 시작했습니다. 하나님의 뜻이라면 새로운 길을 열어 주실 줄 알고 기대했습니다. 그러나 점점 시간이 갈수록 불안했고 두려웠습니다. 어느 곳에서도 쓰임 받지 못하고 버려진 느낌이 들었습니다. 그런데 하나님은 기도하는 가운데 세미한 음성을 들려주셨습니다. 길이 열리는 것도 은혜이지만 때로는 길이 막히는 것도 은혜라는 음성입니다. 우리는 무조건 길이 열리고 잘되어야 하나님의 뜻이고, 하나님의 은혜라고 생각합니다. 그러나 저는 정반대의 은혜를 경험했습니다. 하나님은 나의 인생길을 막히게 하시고 꽁꽁 묶어두심으로, 지금 이 자리에서 더 깊은 하나님의 계획을 알게 하셨습니다. 그래서 입술의 간증으로 다음과 같이 고백합니다. 막히는 것도 은혜요, 풀리는 것도 은혜입니다. 우리 하나님은 내가 지금 여기서 하는 일도 더 좋아하도록 하시는 분입니다. 무조건 새로운 것이나 더 좋은 것만을 구하지 않고 지금 내가 가진 것 또는 내가 하는 일에 대해 더 큰 사랑을 구하고 마음을 구할 수 있기를 바랍니다. 내 입술로 나의 약함을 고백할 때 하나님은 내 삶의 자리에서 하나님의 심히 큰 능력을 드러나게 하십니다.

DAILY THINKING

하나님의 심히 큰 능력만이 문제를 해결합니다.

- 내게 찾아온 큰 폭풍은 무엇이었습니까?

- 그 폭풍 속에서 내가 할 수 있는 것은 무엇이었습니까?

- 내가 감당할 수 없는 일들이 나에게 주었던 교훈은 무엇이었습니까?

고린도후서 4장 8절~10절

우리가 사방으로 우겨쌈을 당하여도 싸이지 아니하며 답답한 일을 당하여도 낙심하지 아니하며 박해를 받아도 버린바되지 아니하며 거꾸러뜨림을 당하여도 망하지 아니하고 우리가 항상 예수의 죽음을 몸에 짊어짐은 예수의 생명이 또한 우리 몸에 나타나게 하려 함이라

05
작아지는 나

> 4 여호와께서 큰바람을 바다 위에 내리시매 바다 가운데에 큰 폭풍이 일어나 배가 거의 깨지게 된지라

우리는 인생에 폭풍과 같은 고난이 찾아올 때 한없이 작아지는 자신을 만나게 됩니다. 기세등등했던 요나도 모든 것이 자기 뜻대로 풀릴 줄 알았지만, 그도 천지를 지으신 하나님이 다스리는 피조물에 불과했습니다. 우리는 경제적 위기를 스스로 넘을 수 없는 피조물이며, 취업과 결혼의 문제를 스스로 풀어갈 수 없는 연약한 존재입니다. 하나님은 고난을 통해 우리가 질그릇과 같이 깨지기 쉬운 존재인 것을 가르치십니다. 내가 얼마나 작은 존재인지를 알게 되는 것입니다. 인생의 항로를 바꾸고자 했던 요나의 인생에 심한 균열이 가기 시작했고, 그가 탄 배는 침몰하게 되었습니다.

불안하고 예측 불가능한 시대에 청년세대에 있어 가장 깨지기

쉬운 것은 무엇일까요? 그것은 거짓된 자아감 속에 형성된 정체성이라고 생각합니다. 다시스로 향했던 요나는 다시로만 가면 다 해결되고 좋은 줄만 알았습니다. 그러나 어떻게 되었습니까? 하나님을 피해 배에 오른 요나는 확실하다고 믿고 있는 자기의 계획이 흔들리고, 옳다고 여겼던 신념도 흔들리게 되었습니다. 요나는 흔들리는 배 위에 자신의 모든 것을 두었습니다. 그러나 요나는 거대한 폭풍 아래에 점점 작아지고 있었고 자기 자신을 완전히 잃어버리게 되었습니다.

로버타 카츠는 《GEN Z: 디지털 네이티브의 등장》의 책에서 청년들의 정체성에 관하여 이렇게 말합니다. '중요한 건 내가 나를 어떻게 느끼는 가다' 내가 나를 어떻게 바라보고, 내가 나를 어떻게 생각하는지가 중요해졌다고 할 수 있습니다. 정체감에서 나를 향한 '감'이 중요한 시대입니다. 그래서 자기 자신이 누구인지 '감'을 찾기 위해 온라인 공간에서 자신을 구성하는 다양한 조각들을 찾고 있습니다. 그래서 로버타 카츠는 디지털 시대의 정체성에 관하여 개인이 가진 여러 특성이 복잡하게 얽힌 혼합물이며, 진지하게 탐색한 결과물이라고 말합니다. 과거 청년들은 내가 태어난 가정 배경을 통해서, 내가 속한 조직과 공동체를 통해서, 그리고 나에게 주어진 역할을 통해서 정체감을 찾았고 그 안에서 안정감을 가졌습니다.

그러나 지금은 온라인에서 서로 다른 공동체를 통해, 여러 가지

일을 동시에 할 수 있는 다양한 능력을 통해 '본캐'본래 캐릭터와 '부캐'부가 캐릭터로 나누어 기능적인 자아를 가지게 되었습니다. 성별을 통해, 피부색을 통해, 다양한 경력과 취미와 취향과 같이 내가 나에 대해 어떻게 느끼고 있는지를 말해주는 정체성은 개별화되고 다양하게 형성되고 있습니다. 그러나 우리는 다양한 정체감을 느끼며 살아가도록 창조되지 않았습니다. 우리는 다중 인격을 가진 기계가 아닙니다. 우리는 오직 하나님의 형상으로만 지어졌으며, 하나님 한 분 안에서 인생의 모든 기쁨과 만족을 누리도록 창조되었습니다. 이 시대 청년들은 다양한 곳에서 정체감을 느끼는 것이 아니라 이제는 주님 한 분 안에서 진정한 나의 모습을 발견할 수 있는 청년이 되어야 합니다.

소리의 크기에는 한계가 있습니다. 그러나 마이크에 스피커와 앰프를 연결하면 소리를 더욱 증폭시킬 수 있고, 더 멀리 더 크게 소리를 전달할 수 있습니다. 이처럼 우리의 능력은 한계가 있고 유한합니다. 그러나 하나님과 함께하며 늘 하나님께 연결된 사람은 그분이 높이기도 하시고 크고 부요하게도 하십니다. 우리가 창조주 하나님의 손에 맡겨지면 상황과 여건에 따라 우리의 정체성이 변하는 것이 아니라 늘 한결같은 자아감을 가지고 내가 누구인지를 늘 분명하게 인식할 수 있습니다. 하나님은 위축된 우리의 마음을 크게 하시고 우리를 높이기도 낮추기도 하십니다. 세상은 점점 우리의 마음을 위축하고 작아지게 만듭니다. 그러나 우리가 하나님의 손에 붙들려 있으면 하나님은 우리의 볼륨을 크게 하십니다. 우리가 주님 안에서 진짜 나의 참모습을 발견할 수 있기를 기대합니다.

DAILY THINKING

하나님의 손에 붙들리면 우리는 점점 단단해진다.

- 나를 구성하고 있는 조각 3가지는 무엇인가요? (나를 만드는 조각)

- 나를 증명하는 "본캐"와, 내가 선택한 자아 "부캐"는 무엇인가요?

- 내가 믿고 있는 것 가운데 더 이상 쪼개거나 나눌 수 없는 가장 작은 믿음은 무엇인가요?

고린도후서 13장 5절

너희는 믿음안에 있는가 너희 자신을 시험하고 너희 자신을 확증하라 예수 그리스도께서 너희 안에 계신 줄을 너희가 스스로 알지 못하느냐 그렇지 않으면 너희는 버림받은 자니라

06
무책임한 나

12 그가 대답하되 나를 들어 바다에 던지라 그리하면 바다가 너희를 위하여 잔잔하리라 너희가 이 큰 폭풍을 만난 것이 나 때문인 줄을 내가 아노라 하니라

큰 폭풍과 광풍을 만난 요나의 배가 침몰하기 시작하자 선장을 비롯하여 많은 사람이 제비로 뽑힌 요나에게 다가왔습니다. 그때 요나는 모든 것을 책임지듯 자신을 바다에 던지라 말합니다. 기도하지 않는 요나, 하나님의 얼굴을 피하던 요나가 마지막에 선택한 것은 자신의 몸을 파도가 출렁거리는 바다에 던지는 것이었습니다. 이러한 요나의 모습에는 3가지 해석이 따라옵니다. 첫째는 모든 것이 나 때문인 것을 알고 스스로 책임을 지는 행동입니다. 둘째는 바다에 몸을 던지는 것은 하나님을 피하는 무책임한 행동입니다. 셋째는 지금 겪는 문제의 사태를 자신이 해결하지 못하고 다른 사람에게로 책임을 전가하는 행동입니다.

무작정 몸을 던져 자기를 희생하는 것은 문제해결에 도움이 되지 않습니다. 우리는 그 누구도 책임을 스스로 짊어질 수 없는 연약한 사람입니다. 오늘날 한국 사회의 청년 자살 문제가 심각해지고 있습니다. 문제를 해결하지 못한 죄책감으로, 고립과 고독으로 많은 청년이 스스로 몸을 던져 생을 마감합니다. 최근의 뉴스나 신문 보도를 보면 20대의 자살률은 2019년 10만 명당 19.2명에서 2021년 23.5명으로 급증했다고 말합니다. 그리고 10대에서 30대에 이르는 사망원인 1위는 자살로 밝혀졌습니다. 더욱이 심각한 것은 20대 사망자 가운데 절반 이상 54.3%이 자살이라고 합니다. 2020년 상반기에 보고된 여러 통계들의 결론은 20대 청년의 자살의 증가입니다.[9] 청년의 죽음 둘 중 하나는 자살이었습니다.

이러한 청년들의 죽음을 다룬 책 가운데 《가장 외로운 선택》에는 청년 자살의 심각한 원인을 다음과 같이 분석하였습니다. 코로나 팬데믹으로 인한 고용불안이 중요한 이유 가운데 하나입니다. 청년들은 고용불안으로 인하여 심각한 경제난까지 덮쳐 큰 좌절감을 겪었습니다. 청년 빈곤층이 급격하게 증가하였고 고시원이나 옥탑방과 같은 외롭고 소외된 곳에 거주하고 있습니다.[10] 그리고 청년 자살의 주된 요인은 코로나 이후 더욱 심각해진 사회적 소통의 단절입니다. 은둔형 외톨이의 주 연령층은 20대이며 청년 고독사와 같은 비극적인 사건 사고들이 늘어나고 있습니다. 이 세상의 수많은 요나는 마지막까지 누구에게도 도움을 요청하지 않았습니다. 하나님을 믿는다고 말하면서도 가장 중요한 때에 그 누구도 찾지 않습니다. 누구도 나를 책임지지 않는다는 것을 알기 때문입니다.

성경 속 요나는 인생의 극한 상황에서조차 하나님을 찾지 않았고 한 번도 기도하지 않았습니다. 우리는 가장 절망의 순간이야말로 주님을 만날 만한 때입니다.

"너희는 여호와를 만날 만한 때에 찾으라 가까이 계실 때에 그를 부르라!"

이 말씀은 이사야 55장 6절의 말씀입니다. 내가 어둠에 있을 때, 깊은 좌절과 낙심 당할 때, 내 곁에 남은 사람들은 아무도 없는 것처럼 보이지만 그 어둠의 시간은 하나님이 내 곁에 가장 가까이 계실 때입니다. 절망감이 크게 다가올 때 내 한 몸을 던져 책임을 지려고 하지 말고 우리의 문제를 맡아주시고 직접 십자가에 자기 몸을 던져 나를 책임지신 주님을 찾고 부르짖기를 바랍니다. 가장 위급한 상황 속에서 벗어나는 유일한 길은 내가 할 수 있는 일을 찾는 것보다 하나님이 나를 위해 하신 일을 찾는 것입니다. 과연 내가 무엇이기에 주님은 나를 대신하여 십자가를 지셨을까? 나의 무엇을 보시고 하나님은 나를 대신하여 죄의 값을 치르셨을까? 이렇게 예수님이 나를 위해 하신 일들을 묵상해 보았으면 좋겠습니다. 예수님은 우리를 위해 이미 십자가에 던져지셨고 우리 죄를 짊어지심으로 죄값을 다 치르셨습니다. 주님이 먼저 몸을 던지셨음으로 우리는 자유를 얻고 은혜를 얻었습니다. 주님의 사랑은 아직도 진행 중입니다. 오늘도 그 사랑으로 여러분들과 함께하고 계십니다.

기도의 자리로 나와서 간절히 주님을 붙잡고 내가 감당할 수 없는 삶의 문제를 주님께 내어 맡기고 기도하기를 바랍니다. 하나님은 우리의 염려를 다 주님께 맡기라고 말합니다. 이것은 야구에서 투수가 포수에게 공을 던지는 것과 같습니다. 우리의 염려도 주님께 던지듯 맡겨야 합니다. 맡기지 않은 사람들이 주님을 원망합니다. 문제를 주님께 맡기면 주님의 문제요, 맡기지 못하면 순전히 내 문제입니다. 목욕탕에 가면 '귀중품은 주인에게 맡겨주세요' 라는 문구가 있습니다. 맡기지 않으면 책임지지 않는다는 것입니다. 주님께 맡기지 않으면 어떻게 됩니까? 사단 마귀에게 삼키게 됩니다. 베드로전서 5장 7절입니다.

"너희 염려를 다 주께 맡겨라, 그가 너희를 돌보심이라 근신하라 깨어라 너희 대적 마귀가 우는 사자와 같이 두루 다니며 삼킬 자를 찾나니"

사단 마귀가 삼키기 좋은 사람이 누구인가요? 여전히 염려하고 있는 사람입니다. 성경은 염려되는 상황을 주님께 맡긴 사람에게 평안을 주십니다. 문제를 맡기고 염려를 맡겨서 마음에 평안이 오기까지 기도할 수 있기를 바랍니다. 하나님이 주신 평안은 기도로 내 문제를 하나님께 다 맡겼다는 신호입니다. 불확실한 상황에서 주어진 문제 앞에서 내 마음에 풍랑이 잠잠해지고 평안이 차오르기까지 기도로 주님 앞에 머무는 여러분이 되기를 바랍니다.

DAILY THINKING

하나님께 맡기면 하나님이 책임져 주십니다.

- 혼자서 해본 일 중에 가장 기억나는 경험은 무엇인가요?

- 누군가에게 도움을 구해본 적이 있나요?

시편 145편 18절

여호와께서는 자기에게 간구하는 모든 자 곧 진실하게 간구하는 모든 자에게 가까이하시는도다

07
고집을 꺾지 않는 나

> 14 무리가 여호와께 부르짖어 이르되 여호와여 구하고 구하오니 이 사람의 생명 때문에 우리를 멸망시키지 마옵소서 무죄한 피를 우리에게 돌리지 마옵소서 주 여호와께서는 주의 뜻대로 행하심이니이다 하고
> 15 요나를 들어 바다에 던지매 바다가 뛰노는 것이 곧 그친지라
> 16 그 사람들이 여호와를 크게 두려워하여 여호와께 제물을 드리고 서원을 하였더라

요나는 마지막 순간까지 자신의 고집을 꺾지 않았습니다. 하나님의 말씀에는 아랑곳하지 않고, 하나님의 뜻보다 자기의 생각과 마음이 먼저였습니다. 요나가 배에서 뛰어 내려 물에 뛰어들게 된 것은 하나님의 계획이 잘못되었음을 끝까지 증명하고자 했기 때문이며, 하나님 앞에서 끝까지 자신의 의를 드러내고자 하는 마음이 있었기 때문입니다.

철학자 사르트르는 인간의 자유를 위해서 신은 필요 없다고 말했습니다. 그리고 그는 신을 포함하여 타인을 의식하지 않고 자신의 선택과 결정에 따르라고 말했습니다. 그래서 사르트르는 인간의 삶에 누구도 간섭하거나 관여할 수 없으며, 인간은 자유를 가지

고 자신의 삶을 선택할 수 있다고 했습니다. 그는 이렇게 말합니다. "어떠한 상황에서도 인간은 자유로울 수 있다. 자유를 선택하고 존재하는 목적을 결정할 수 있다."

이처럼, 요나의 인생은 사르트르가 말하는 자유로운 선택의 연속입니다. 자기 인생에 대한 신념을 굽히지 않았습니다. 다시스로 향하는 배를 탔으며 거센 풍랑 속에서 결국 스스로 물에 뛰어 들어감으로 사태를 종식하고자 했습니다. 시작과 끝이 요나의 손끝에 달린 것처럼 보입니다. 그러나 요나보다 크신 하나님이 요나와 함께 계셨습니다. 하나님은 큰 물고기를 예비하사 물에 빠진 요나를 삼키게 하였습니다.

우리는 주님을 믿는 믿음 안에서 서로 연결되어 있습니다. 그러나 우리가 나의 뜻을 고집하며 살때 하나님을 떠난 사람은 반드시 추락하는 인생이 됩니다. 자기 스스로 바람을 탈 줄 알고 고공비행한다고 할지라도 자신과 연결된 그 줄이 끊어지면 결국엔 표류하게 됩니다.

그러나 모든 것이 다 끝났다고 하는 그 종점에서 하나님은 요나를 기다리고 계셨습니다. 아직 그의 인생이 끝난 것이 아니었습니다. 하나님은 언제라도 요나가 다시 돌아오기를 원하셨습니다. 그래서 하나님께로 돌아오도록 큰 물고기를 사용하셨습니다.

하나님이 요나에게 폭풍을 보내시고 심각한 죽음의 위기 속에서 큰 물고기를 예비하신 것은 절박한 그 상황이 요나에게는 하나님을 만날 만한 때 절박한 순간에 만나주기 위해서입니다. 마찬가지로 불확실한 우리의 상황은 하나님을 붙잡고, 하나님을 찾기 위한 배경화면에 불과합니다. 미래가 불확실해 보이는 인생의 배경 속에서도 요나의 인생을 끝까지 붙드시는 하나님이 계신 것처럼, 우리를 포기하지 않으시는 하나님이 계십니다. 불확실한 상황을 믿지 말고, 끝까지 나를 추적하시는 하나님의 구원이 있음을 믿으시기를 바랍니다. 그때 하나님이 요나에게 물고기를 보낸 것처럼 우리에게 은혜를 베풀어 주십니다. 우리의 인생 이대로 포기하지 않도록 끝까지 주님은 오늘도 여러분을 붙들고 계십니다.

DAILY THINKING

우리를 향한 하나님의 고집은 꺾을 수 없다.

• 인생의 가장 비참한 추락을 경험해 본 적이 있습니까?

• 두렵고 불안한 순간, 나를 도와준 사람은 누구입니까?

• 실패와 아픔을 뒤집고 회복을 경험한 적이 있습니까?

• 고난 속에서 내가 깨달은 확실한 한 가지는 무엇인가요?

시편 145편 18절

여호와께서는 자기에게 간구하는 모든 자 곧 진실하게 간구하는 모든 자에게 가까이하시는도다

불안하지 않은 삶을 위한 요나의 법칙

1. 짜증만 가득한 나!
   나는 확실히 하나님의 형상으로 지음받은 하나님의 자녀다.

2. 빛나고 싶은 나!
   불확실한 미래에도 주님과 함께하면 빛이 난다.

3. 늘 방황하는 나!
   나를 이끄는 가장 정확한 좌표가 있다.

4. 잘 풀리지 않는 나!
   모든 문제의 출제자가 되시는 하나님께 답이 있다.

5. 작아지는 나!
   하나님안에 있으면 우리는 점점 단단해진다.

6. 무책임한 나!
   하나님께 맡기면 하나님이 책임져 주신다.

7. 고집을 꺾지 않는 나!
   하나님의 고집은 누구도 꺾을 수 없다.

불안하지 않은 삶의 비결

요나는 바다 깊은 곳, 큰 물고기에 뱃속에 들어가서야 하나님이 하시는 일에 대해 탐색하기 시작했고, 하나님의 계획과 하나님의 뜻에 대하여 진지하게 묻기 시작했습니다. 그것은 나에 대한 탐구이며 동시에 하나님이 누구신가에 대한 탐구였습니다. 종종 청년들을 상담할 때 '조하리의 창'을 통해서 청년들이 자기 자신을 어떻게 인식하고, 이해하고 있는지를 살펴보았습니다.[13] 여기에 나오는 네 가지의 창은 자기 자신을 탐구하고, 하나님이 어떠한 분인지를 알게 하는 유용한 도구라 생각됩니다.

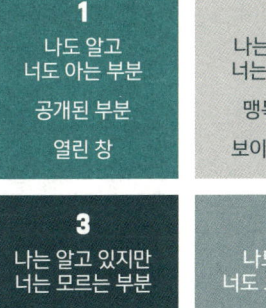

첫 번째는 열린 창입니다.

　이것은 내가 나에 대해서 알고, 남도 나에 대해서 아는 것으로 열린 소통의 창입니다. 숨길 것이 없으며 있는 모습 그대로 드러내고 나의 모습을 솔직히 인정하는 것입니다. 이때 진정한 관계적 소통이 일어날 수 있습니다. 자기에 대한 정보는 페이스북이나 홈페이지나 온라인 공간에서 쉽게 찾을 수 있습니다. 숨길 것이 많은 사람은 자신의 정보가 노출될 것을 불편해하지만, 숨길 것이 없는 사람은 누군가를 만나도 원만한 관계를 이루며 살아갑니다. 나와 하나님과의 관계에서도 마찬가지입니다. 우리는 하나님과 숨길 것이 없는 원만한 관계를 이루며 살아가야 합니다. 그러면 모든 것을 아시는 하나님과 더 많은 것을 공유하며 즐거워할 수 있습니다.

> **첫 번째 나에 대해 확실히 아는 것들!**
>
> 모든 사람이 알 수 있는 나에 대한 정보를 기록해 봅니다.
>
> 사람들 앞에서 숨길 수 없는 나에 대한 이야기를 적어봅니다.
> 1) 인생에서 가장 후회되었던 적은 언제입니까?
>
> 2) 내가 제일 잘할 수 있는 한 가지는 무엇인가요?

3) 내가 제일 좋아하는 한 가지는 무엇인가요?

4) 내가 좋아하고, 잘하는 것을 통해서 얻는 기쁨과 만족은 무엇인가요?

두 번째는 보이지 않는 창입니다.

우리는 자기에 대하여 다 안다고 말하지만 내가 알지 못하는 부분들이 많이 있습니다. 내가 누군가에게 상처를 주었고 나의 말과 행동이 다른 사람을 불편하게 했는지는 스스로 알지 못할 때가 많습니다. 보이지 않는 창은 나는 나에 대해 잘 모르고 있지만 남들은 잘 알고 있는 영역입니다. 살아가면서 다른 사람들은 나에 대해 평가하고 어떠한 사람인지를 알고 있지만, 내가 스스로 알지 못하는 것입니다. 나에 대해 잘 아는 방법은 무엇일까요?

우리는 내가 아닌 세상의 관점을 나에 대해 깨달을 수 있습니다. 이것은 만화 미운 오리 새끼를 보면 쉽게 이해될 수 있습니다. 다른 새끼 오리와 달리 몸집도 크고 못생긴 오리가 한 마리가 둥지 안에서 태어났습니다. 점점 시간이 지나면서 다른 오리들과 다른 모습이기에 놀림을 받게 되었습니다. 그런데 오랜 시간이 지나 미운 오리 새끼가 강가에서 강물에 비친 자신의 얼굴을 보며 깜짝 놀라게 됩니다. 그것은 오리의 모습이 아닌, 아름다운 백조의 모습이었기 때문입니다. 백조는 어린 시절 자기가 미운 오리 새끼인 줄 알고 지냈습니다.

　우리는 내가 누구인지 모르고 살아갈 때가 많습니다. 내가 가진 가능성과 잠재력을 그대로 묻어놓고 있지 않았습니까? 때로는 타인의 도움을 통해서 내가 어떠한 사람인지를 알게 됩니다. 그리고 하나님 앞에 서면 내가 얼마나 이기적이었는지, 내가 얼마나 자기중심적이었는지 그리고 내가 얼마나 큰 죄인이었는지를 깨닫게 됩니다. 이렇게 나를 아는 가장 좋은 방법은 하나님을 통해서 나의 모습을 생각해 보는 것입니다. 하나님은 나를 어떻게 바라보시며, 하나님은 나를 얼마나 사랑하시는지를 살피는 것입니다. 그리고 하나님 앞에서 나의 연약함을 깨닫고 생각해 보는 것입니다. 하나님은 나의 모습을 깨달을 수 있는 지혜도 주시고 성찰할 수 있는 마음도 주셨습니다. 우리가 하나님 앞에 회개하며 기도할 때 하나님은 내가 알지 못하는 나의 진짜 모습을 알게 하십니다.

두 번째 다른 사람이 나에 대해 아는 확실한 것들

1. 다른 사람이 나에 대해 확실히 알고 있는 것은 무엇인가요?
　1) 다른 사람이 말해준 나의 고쳐야 할 점은 무엇인가요?

2) 나로 인하여 다른 사람이 어려움을 당한 일은 무엇인가요?

3) 다른 사람이 나의 모습을 보며 좋게 인정해 준 것은 무엇인가?

2. 하나님께서 보여주신 진짜 나의 모습은 무엇인가요?

세 번째는 숨겨진 창입니다.

　우리는 사람마다 숨기고 싶은 영역이 있습니다. 내가 말하지 않으면 사람들은 내가 얼마나 힘든 상황을 겪고 있고 아픔과 상처가 있는지 모릅니다. 겉으로 볼 때 용감해 보이고 적극적인 사람도 그 내면에는 인간적 고민과 숨기고 있는 아픔들이 있습니다. 오늘날 사회가 청년들이 마음껏 자신의 마음을 열고 속에 있는 이야기들을 꺼낼 수 있는 분위기가 정착되기를 바랍니다. 우리가 마음속 이야기를 꺼낼 수 있는 것은 하나님이 항상 내 곁에 계시기 때문입니다. 하나님만이 나에게 큰 위로가 되기에 우리는 불안하지 않습니다.

세 번째 다른 사람이 알지 못하는 확실한 것들

나만 알고 있는 나의 어렵고 힘든 시기는 언제였습니까?

1) 내가 생각하는 나의 단점은 무엇인가요?

2) 다른 사람에게 말할 수 없는 비밀은 무엇인가요?

3) 나의 독특한 취향 한가지는 무엇인가요?

4) 다른 사람에게 나의 이야기를 하지 않는 이유는 무엇인가요?

마지막으로 미지의 창입니다.

미지의 영역은 나도 모르고 다른 사람도 모르는 영역입니다. 오늘날을 불확실한 시대라 말하는 것은 우리의 미래가 미지의 세계와 같기 때문입니다. 미래에 어떠한 일이 벌어질지, 앞으로 어떠한 위기가 다가올지 우리는 여전히 모릅니다. 인생에서 미지의 영역이 많아질수록 나는 누구이며 지금은 어디쯤인지 불안 속에 살아가게 됩니다. 미지의 세계에 필요한 삶의 자세는 탐색입니다. 요나처럼 나 중심적 생각과 고집으로 살아가다 보면 방황하게 되고 정체성의 혼란을 겪을 수 있지만 끊임없이 기도하며 하나님께 질문하고 말씀에 집중하다 보면 미지의 세계를 향해 도전하는 삶이 될 것입니다. 불확실성의 시대에 미지의 세계를 호기심으로 탐구하며 믿음으로 도전하는 청년이 되기를 바랍니다.

네 번째 우리가 가보지 않은 미지의 영역

1. 새로운 일을 시작해 본 경험이 있습니까?

1) 처음 시도했던 것 중에 일이 잘되거나 해결된 적이 있습니까?

2) 새로운 일에 도전할 때 두렵고 떨리는 이유는 무엇인가요?

3) 나의 미래가 두렵고 불안하게 느껴지는 이유는 무엇인가요?

4) 새로운 도전과 출발을 위해 필요한 것 3가지를 적어 봅니다.

1. 자기에게 집중하는 나
2. 눈앞이 캄캄한 나
3. 인생에 눈을 뜨는 나
4. 쉽게 꺼지지 않는 나
5. 중력을 거스르는 나
6. 구원자를 발견하는 나
7. 마음이 굳어 버린 나

3부

내 돈 대신 기계에 투자하는 시대의 나

요나 2장 1-10절

1 요나가 물고기 뱃속에서 그의 하나님 여호와께 기도하여
2 이르되 내가 받는 고난으로 말미암아 여호와께 불러 아뢰었더니 주께서 내게 대답하셨고 내가 스올의 뱃속에서 부르짖었더니 주께서 내 음성을 들으셨나이다
3 주께서 나를 깊음 속 바다 가운데에 던지셨으므로 큰 물이 나를 둘렀고 주의 파도와 큰 물결이 다 내 위에 넘쳤나이다
4 내가 말하기를 내가 주의 목전에서 쫓겨났을지라도 다시 주의 성전을 바라보겠다 하였나이다
5 물이 나를 영혼까지 둘렀사오며 깊음이 나를 에워싸고 바다 풀이 내 머리를 감쌌나이다
6 내가 산의 뿌리까지 내려갔사오며 땅이 그 빗장으로 나를 오래도록 막았사오나 나의 하나님 여호와여 주께서 내 생명을 구덩이에서 건지셨나이다
7 내 영혼이 내 속에서 피곤할 때에 내가 여호와를 생각하였더니 내 기도가 주께 이르렀사오며 주의 성전에 미쳤나이다
8 거짓되고 헛된 것을 숭상하는 모든 자는 자기에게 베푸신 은혜를 버렸사오나
9 나는 감사하는 목소리로 주께 제사를 드리며 나의 서원을 주께 갚겠나이다 구원은 여호와께 속하였나이다 하니라
10 여호와께서 그 물고기에게 말씀하시매 요나를 육지에 토하니라

01
자기에게 집중하는 나

1   요나가 물고기 뱃속에서 그의 하나님 여호와께
         기도하여

요나는 자기가 해결할 수 없는 복잡한 상황에서 할 수 있는 것은 한 가지입니다. 많은 것을 할 수 있다고 자신했던 요나는 결국 기도밖에 할 수 없었습니다. 요나는 하나님께 집중하여 기도하기 시작했습니다. '요나가 물고기 배 속에서 그의 하나님 여호와께 기도하여' 요나 2:1 요나는 복잡한 삶의 문제, 관계의 문제, 갈등의 문제를 가지고 모든 문제를 해결해주시는 하나님께로 향했습니다.

   우리가 두려운 상황에서 위기를 뚫고 올라가는 것은 결국 삶의 자세에 달려있습니다. 요나가 할 수 있는 가장 적극적인 태도는 다른 이를 찾고 도움을 구하는 것이 아니었습니다. 그것은 기도였습니다. 기도는 가장 적극적인 삶의 자세이며 문제를 해결하고자 하

는 의지입니다. 농부가 밭에 씨앗을 뿌릴 때 땅을 뚫고 나오는 것은 누가 대신할 수 없습니다. 그 스스로가 뚫고 나와야 합니다. 병아리가 부화 될 때는 가만히 앉아 기다리지 않습니다. 열심히 부리를 가지고 두드려야 합니다. 줄탁동시啐啄同時에 관한 이야기를 들어보았습니까? 병아리가 알에서 부화되기 시작하면 병아리가 안에서 껍데기를 쪼아대는 이것을 '줄'이라고 합니다. 그리고 어미는 그 달걀을 바라보고 있다가 소리가 나고 움직임이 느껴지면 병아리와 같이 껍데기를 밖에서부터 깨며 쪼는 것을 '탁'이라고 합니다. 병아리가 알에서 부화되기 위해서는 이러한 작업이 동시에 작업이 진행된다고 하여 '줄탁동시'라고 합니다.

 병아리가 알에서 나오려고 할 때 그 소리를 듣고 어미 닭이 밖에서 함께 두드려주고 함께 돕는 것처럼 우리가 주님 앞에 나아가 기도하면 하나님은 우리 기도의 소리를 들으시고 우리의 문제를 도우시며 해결해 주십니다. 예로부터 듣던 말 가운데 이런 말이 있습니다. '계란은 밖에서 깨면 음식이지만 안에서 깨면 생명이 된다.' 남이 준 상처로 인하여 내 인생에 남은 것이 없고 늘 깨지고 부서지는 삶에서 벗어나기를 바랍니다. 누군가 밖에서 도와주기를 기다리는 인생이 아니라 내 안에서부터 열심히 하나님을 찾는 인생이 될 때 새로운 세상이 열리게 될 것입니다. 오늘 하루, 우리의 문제를 가지고 하나님께 집중하여 기도할 때 복잡한 삶의 문제들은 단순하게 풀리게 될 것입니다.

DAILY THINKING

하나님께 집중하면 문제는 단순해집니다.

- 내가 어려움을 겪을때 가장 적극적으로 나에게 도움을 주는 사람이 있었습니까?

- 삶의 문제 해결을 위해 주님앞에 간절히 기도하며 부르짖을때가 있었습니까?

- 해결함을 받았던 기도제목은 무엇이었습니까?

로마서 8장 26절

이와 같이 성령도 우리의 연약함을 도우시나니 우리는 마땅히 기도할 바를 알지 못하나 오직 성령이 말할 수 없는 탄식으로 우리를 위하여 친히 간구하시느니라

02
눈앞이 깜깜한 나

> 2 이르되 내가 받는 고난으로 말미암아 여호와께 불러 아뢰었더니 주께서 내게 대답하셨고 내가 스올의 뱃속에서 부르짖었더니 주께서 내 음성을 들으셨나이다

요나가 바닷가에 던져질 때 '큰 물고기'가 요나를 삼켰습니다. 요나가 바다에 던져지는 순간이 아니라 이미 그 오래전부터 하나님은 요나를 위한 큰 물고기를 준비해 놓으셨습니다. 하나님은 바다에 던져지는 요나를 바닷속 깊은 곳에서 건져주셨습니다. 그렇게 목숨을 건졌던 요나는 큰 물고기 배 속에서 기도합니다. "내가 받는 고난으로 말미암아 여호와께 불러 아뢰었더니 주께서 내게 대답하셨고 내가 스올의 뱃속에서 부르짖었더니 주께서 내 음성을 들으셨나이다" 요나가 기도할 때 하나님이 들으셨습니다. 요나는 하나님 없이도 살 수 있는 사람처럼 보였는데 어떻게 큰 물고기의 뱃속에서 하나님을 부르짖고 하나님의 음성까지 들었을까요? 그것은 그가

하나님 앞에 항복했기 때문입니다.

일본에서 유명한 군인 가운데 한 명이 '요코이 쇼이치'입니다. 이 군인은 1844년에 일본군으로서 제2차 세계대전에 참여하기 위해 괌으로 나갔습니다. 그러나 1945년 일본의 항복으로 전쟁이 끝났습니다. 그렇게 전쟁이 끝났는데도 여전히 항복하지 않고 버티던 군인이 요코이 쇼이치입니다. 무려 28년을 버텼습니다. 실제로 30년 동안 동굴을 파서 그곳에서 나오지 않았습니다. 그러던 어느 날 사람들이 바닷가에서 고기를 잡는 요코이를 발견했습니다. 그때가 1972년입니다. 마침내 일본이 졌다는 것을 알게 되었고 항복하여 고국으로 돌아오게 되었습니다. 더 일찍이 항복했더라면 숨지 않았을 것입니다. 어둠 속에 살지 않았을 것입니다.

우리도 하나님께 항복하지 않고 버티는 인생은 하루하루가 어둠의 시간입니다. 나를 도와줄 이 아무도 없고 눈앞에 아무것도 보이지 않는다면 우리도 요나처럼 하나님께 두 손을 들어야 합니다. 복잡성의 시대는 아무것도 보이지 않고, 불빛 하나 보이지 않는 어둠의 터널입니다. 그곳에서 내가 할 수 있는 것은 '항복'입니다.

16세기 수도사 성 요한1542~1591은 어둠의 밤을 경험했습니다. 성 요한은 아빌라의 성 테레사 수녀와 함께 부패한 수도원을 개혁하고자 했습니다. 그는 그리스도의 십자가 아래에서 온전한 수도 생활을 추구했지만 1577년 10월 개혁에 반대하는 이들에게 납치되어 11개월간 톨레도 수도원에 감금되었습니다. 독방에 갇혀도 그는 하나님을 원망하지 않았습니다. 오히려 하나님께 두 손을 들고 기도했습니다. 벽 틈으로 들어오는 가느다란 빛줄기를 제외하고는 하루 종일 어둠 속에 지냈는데 그때 주님과 친밀한 시간을 갖게 되었습니다. 그는 당시의 영적 체험을 글로 남겨 후대에 《영혼의 어두운 밤》이라는 책을 남겼습니다.

가끔 주유소에 가면 기계식 세차장에 들어갑니다. 처음 운전을 배우고 세차장에 들어갈 때 앞이 보이지 않는 시커먼 터널에 들어가는 것이 무섭기도 했습니다. 그리고 깜깜한 곳까지 들어와 세차가 시작될 때 저 앞에 커다란 물체가 점점 다가오는 것을 보면서 몇 번은 놀랐던 것 같습니다. 그때 바로 눈앞에 희미하게 쓰여있는 경고문이 보였습니다. '청소 기계가 가까이와도 절대로 놀라지 마세요', '브레이크를 밟지 마세요'라고 크게 적혀있었습니다.

어둠이 찾아 왔다고 놀라지 않기 바랍니다. 눈앞이 깜깜한 복잡한 문제를 만날 때 어둠의 밤이 왔음을 알아야 합니다. 또 하나님 앞에 항복할 시간이 왔음을 알아야 합니다. A.W 토저는 우리가 하나님께 항복하면, 하나님께서는 우리를 사랑의 줄로 묶으시고 그분께로 끌어주신다고 말했습니다. 요나처럼 하나님께 엎드려 항복하는 마음을 가지고 주님께 기도하기 바랍니다. 하나님께 항복하면 주님이 해결해 주십니다.

DAILY THINKING

하나님과 함께하면 어둠의 시간도 금방 지나갑니다.

- 내가 경험한 내 영혼의 어두운 터널은 언제였습니까?

- 어둠의 시간을 지나갈 때 가장 큰 도움은 무엇이었습니까?

- 하나님 앞에서 항복하듯 모든 것을 내려놓은 적이 있습니까?

마태복음 7장 7~9절

구하라 그리하면 너희에게 주실 것이요 찾으라 그리하면 찾아낼 것이요 문을 두드리라 그리하면 너희에게 열릴 것이니 구하는 이마다 받을 것이요 찾는 이는 찾아낼 것이요 두드리는 이에게는 열릴 것이니라

03
인생에 눈을 뜨는 나

> 3 주께서 나를 깊음 속 바다 가운데에 던지셨으므로 큰물이 나를 둘렀고 주의 파도와 큰 물결이 다 내 위에 넘쳤나이다

요나는 배에 탄 선원들에 의하여 던져졌습니다. 그런데 요나는 자신을 던진 것을 선원이 아니라고 말한다. 자신을 던진 것은 여호와 하나님이셨습니다. 그것은 하나님 앞에 불순종했던 하나님의 징계요, 심판이었습니다. 하나님이 던지신 대로 큰물이 요나를 덮쳤고 요나는 큰 물결 아래로 잠기게 되었습니다. 요나에게 하나님은 내 뜻대로 움직일 수 없는 유일한 분이셨습니다. 인간은 그저 하나님의 손 아래에 놓여 있을 뿐입니다. 요나는 멈추지 않고 요동치는 파도를 보면서 하나님이 설계하신 세상을 보았습니다. 이 사실을 알 때 비로소 요나는 겸손해졌고 요나는 깊은 물 속에 가라앉을 때 전능하신 하나님을 보게 되었습니다.

미국의 신학자 폴 트립은 우리가 살아가면서 겪는 불안과 두려움, 냉랭한 신앙생활, 시기심과 강박증, 더 나아가 분노들로 인하여 하나님을 온전히 바라보지 못한다고 말했습니다. 우리가 다시 하나님께로 눈을 돌리는 방법은 겸손입니다. 겸손함을 가지고 나아가면, 하나님이 지으신 세계가 이토록 크고 위대한지를 비로소 깨닫게 되고 하나님은 그 세계를 지으신 유일한 분임을 알 수 있습니다.

동양화와 서양화에는 큰 차이점이 있습니다. 먼저 동양화를 보면 꽃이나 사물, 동물 등 자연의 모습을 크게 그립니다. 그러나 사람은 작게 그립니다. 이것이 동양화의 특징입니다. 반대로 서양화에는 사람을 중심으로 주변 환경보다 사람을 크게 하고 잘 보이도록 부각합니다. 우리가 세상에 눈뜨기 전에는 우리는 사람을 크게 보고, 문제를 크게 확대하고 해석했습니다. 그러나 믿음의 눈으로 세상을 보는 사람들은 다르게 봅니다. 내가 처한 상황이나 환경은 작게 보이고 하나님은 크게 보입니다.

오늘 여러분이 크게 바라보는 것은 무엇인가요? 어떠한 사람은 나의 실패를 크게 생각하고 내 어려운 처지와 형편을 크게 보는 사람이 있습니다. 그러나 겸손한 사람들은 세상 사람들과 달리 세상의 모든 것은 다 작게 보이면서 동시에 하나님을 크게 바라봅니다. 우리가 하나님을 크게 바라볼 수 있다면 우리는 어떠한 환경도 겁낼 것이 없는 전지적 관찰자의 시점을 가진 사람이 될 수 있습니다.

하나님은 창조주이십니다. 하나님의 권위를 인정하며 겸손히 주님의 뜻을 기다릴 때 하나님은 우리를 크게 세우십니다.

DAILY THINKING

내가 낮아지고 작아지면 크신 하나님을 만나게 된다.

- 자기중심적으로 문제를 해결해 본 적이 있습니까?

- 지금 내 삶에 찾아온 가장 복잡한 문제는 무엇인가요?

- 나를 드러내지 않는 겸손이 쉽지 않은 이유는 무엇인가요?

- 신앙생활 및 사회생활에서 복잡한 문제를 해결해 본 경험이 있습니까?

잠언 4장 8절
그를 높이라 그리하면 그가 너를 높이 들리라

04
쉽게 꺼지지 않는 나

4   내가 말하기를 내가 주의 목전에서 쫓겨났을지라도 다시 주의 성전을 바라보겠다 하였나이다

하나님은 요나의 마음을 다루시고 어루만져 그가 새 마음으로 주님을 향하게 하셨습니다. 요나는 주의 성전을 바라보았습니다. 요나에게도 하나님을 예배하며 은혜를 누릴 때가 있었습니다. 예배를 생각하는 이의 마음은 시온의 대로와 같습니다. 시온의 대로는 주를 향한 길이며, 은혜를 받는 길이며, 주님께로 달려가는 길입니다. 세상을 향하여 달음박질하던 그 마음이 변하여 이제는 시온의 대로를 향하여 주님께로 가까이 나아가고 있습니다.

로완 윌리엄스의 책, 루미나리스에는 다음과 같은 신앙의 위대한 사람을 소개했습니다. 그녀는 1943년 아우슈비츠 수용소에서 죽은 에티 힐레숨입니다. 그가 강제수용을 당하며 죽기 전까지 2년

에 가까운 생애를 일기로 남겼습니다. 그녀의 일기를 보면 그녀가 주님 앞에 나아가 '무릎 꿇고 싶은 충동'을 여러 번 느꼈다는 대목이 나옵니다. 그 일기를 적으며 힐레숨은 말했습니다. '때로는 내 몸이 고동친다. 내 몸은 무릎 꿇기 위해 존재하고 만들어진 것 같다'라고 했습니다. 이처럼 그녀의 내면에는 하나님을 향한 감각이 솟구치고 있었던 것입니다.

힐레숨 뿐 아니라 요나와 같은 우리에게도 주를 향한 열정이 남아있을 때 우리는 하나님의 일을 시작할 수 있습니다. 이쑤시개 같은 가장 작고 연약한 것도 여러 개가 모이면 날카로운 힘을 드러내고 쉽게 부러지지 않는 것처럼, 성경개비도 하나 둘 모이면 엄청난 화력을 뿜을 수 있습니다. 장작불도 장작을 모으고 함께 맞닿아있으면 불이 꺼지지 않습니다. 쉽게 꺼지지 않는 열정의 사람이 되십시오. 우리가 성부 성자 성령 삼위 하나님과 함께할 때 우리는 쉽게 꺼지지 않는 열정의 사람이 될 것입니다.

DAILY THINKING

열정을 가지면 사람은 강해집니다.

- 나를 열정의 사람으로 타오르게 하는 주 연료는 무엇인가요?

- 나는 무엇으로 가슴이 뛰는 것을 경험했습니까?

- 하나님이 내게 주신 열정이 꺼지지 않는 이유가 무엇일까요?

요한일서 2장 16절

이는 세상에 있는 모든 것이 육신의 정욕과 안목의 정욕과 이생의 자랑이니 다 아버지께로부터 온 것이 아니요 세상으로부터 온 것이라

05
중력을 거스르는 나

> 6 내가 산의 뿌리까지 내려갔사오며 땅이 그 빗장으로 나를 오래도록 막았사오나 나의 하나님 여호와여 주께서 내 생명을 구덩이에서 건지셨나이다

막장이라는 단어를 들어보셨나요? 깊고 어두운 탄광, 그 맨 끝부분을 의미하고 거기에서 일하는 사람을 가리키는 단어로 사용됩니다. 탄광 자체가 많이 사라진 오늘날 이러한 단어는 지금도 죽기 직전의 상황을 설명할 때 사용합니다. 깊고 좁은 갱도를 따라 중간중간 나무 버팀목이 세워져 있고 그 좁은 틈에서 채굴 도중 갱도가 언제라도 무너질 수 있고 또 공기는 희박하여 숨쉬기조차 힘듭니다. 극한의 어려움을 맞이하는 그 순간은 누군가에게는 공포이며 죽음의 문턱과도 같습니다.

요나가 깊은 바다에 빠질 때 그는 스스로 내가 산의 뿌리까지 내려갔다고 말합니다. 다시는 살아서 돌아올 수 없는 그 깊은 어둠의

심연 속으로 내려갔기 때문입니다. 누구도 측량하지 못하는 그 어둠의 깊이는 인생의 무게만큼이나 버거워 보이고 만만치 않아 보입니다. 요나에게 주어진 사명의 무게는 요나에게 중력처럼 다가왔습니다. 요나는 늪지대를 벗어나려고 하는 것처럼 안간힘을 쓰고 애쓰고 노력하지만 그럴수록 더 깊이 산의 뿌리까지 내려가 결국 바닥을 치게 됩니다. 피하고 싶고 도망치고 싶지만, 그 중력의 힘은 누구도 거스를 수 없습니다. 오늘 우리가 살아가면서 바닥을 드러낼 때가 있습니다. 인내심이 바닥을 드러내고, 참고 견디며 잘 살아왔지만 분명한 한계 상황을 맞이하게 되고 또 경제적으로 바닥이 드러나게 되면 재정의 어려움을 겪게 됩니다. 그때는 내 자존심이 드러나는 순간이며, 진짜 나의 모습이 드러나는 순간입니다. 보여주면 안 되는 내 마지막을 보여준 것 같아 수치감이 밀려오기도 합니다.

그러나 바닥은 또 하나의 의미에서는 하나님의 은혜가 시작될 수 있는 지점입니다. 팀 켈러는 바다에 빠진 요나를 가리켜 은혜의 신비를 밑바닥에서 배운 사람이라 말했습니다. 요나는 인생의 신비를 바다에서 경험했던 것입니다. 그 신비는 무엇인가요? 바닥은 더 내려갈 곳이 없다는 것이며 나의 힘으로 할 수 없다는 것을 깨닫게 되는 지점입니다. 바닥이 드러난다는 것은 이제 내 힘으로 아무것도 할 수 없다는 것이며 절대적인 은혜만이 필요한 시간이 왔음을 말해줍니다. 그래서 바닥은 더 나은 삶을 살아야겠다는 충동이 일어나게 하고 중력을 거스르시는 하나님을 만나는 자리입니다. 그래서 요나는 그 인생을 하나님이 건지신 인생이라고 말합니다. 바닥에서도 나를 건져주시는 하나님의 구원이 있다는 사실이 우리에게 힘이 되고 위로가 됩니다. 바닥을 더 이상 두려워하지 않아야 합니다. 바닥은 실패의 자리가 아니라 더 이상 내려갈 곳이 없는 마지막 지점에 불과합니다. 더 이상 나빠질 수 없는 지점, 더 최악일 수 없는 바닥에서 하나님은 우리를 세상을 향하여 솟구치게 하십니다. 그 하나님과 함께 반등하는 삶이 되기를 바랍니다.

DAILY THINKING

바닥을 치는 순간 더 이상 나빠질 수 없다.

- 나의 모습 가운데 자기중심적 태도는 무엇인가요?

- 지금 내 삶에 찾아온 가장 복잡한 문제는 무엇인가요?

- 신앙생활 및 사회생활에서 복잡한 문제를 해결해 본 경험이 있습니까?

예레미야 33장 3절

너는 내게 부르짖으라 내가 네게 응답하겠고 네가 알지 못하는 크고 은밀한 일을 네게 보이리라

06
구원자를 발견하는 나

> 7 내 영혼이 내 속에서 피곤할 때에 내가 여호와를 생각하였더니 내 기도가 주께 이르렀사오며 주의 성전에 미쳤나이다

    일이 잘되고 잘 풀릴 때는 하나님을 많이 생각합니다. 모든 것이 감사하기 때문입니다. 그러나 일이 풀리지 않고 어려움을 겪을 때는 하나님을 원망합니다. 요나는 환난과 낙심될 상황 속에서 하나님을 바라보았습니다. 주님은 나의 피난처이며 환난 날에 내가 의지할 요새이시며 나의 반석 되심을 믿음의 눈으로 끝까지 바라보아야 합니다.

    요나는 그 영혼의 곤고함 속에서 하나님을 생각했습니다. 그는 피곤할 때 여호와를 생각했습니다. 여호와 하나님이 나에게 가장 큰 안식처이며 피난처인 것을 알기 때문입니다. 어떠한 일이 있어도 내가 요나처럼 하나님께 기도할 수 있다는 것은 가장 큰 축복이

며 아무리 힘들어도 요나처럼 하나님을 생각할 수 있다는 것은 하나님의 축복이며 하나님의 지혜입니다.

일시적인 순간 세상은 우리에게 다양한 위로를 줍니다. 맛있는 음식이 나에게 위로가 되고 다른 누군가의 칭찬과 격려에 자존감이 상승합니다. 그러나 마음이 복잡하고 심란할 때는 누군가의 위로도 해결해 주지 못할 때가 많습니다. 그래서 우리는 요나처럼 더 큰 은혜의 세계로 나가야 합니다. 요나에게는 그곳이 성전이었습니다.

요나는 더 가까이 나아갔습니다. 더 깊숙이 하나님께로 나아가 은혜를 사모하며 주의 성전에 이르렀습니다. 많은 사람이 지금 당장의 안식에 머무르려고 하지만 하나님은 우리를 향한 더 크고 아름다운 세계를 준비해 놓으셨습니다. 지금 내가 누리고 있는 기쁨보다 더 큰 기쁨이 있고 더 큰 위로가 있음을 확신하며 언제나 우리 곁에서 더 깊은 곳으로 더 평안한 곳으로 인도해 주신 주님을 바라보며 늘 감사의 마음을 갖기를 바랍니다.

환난이 찾아오면 우리는 약해질 수 있지만 성부, 성자, 성령님을 의지하면 우리는 위기 속에서도 점점 강해질 수 있습니다.

"우리가 그 안에서 그를 믿음으로 말미암아 담대함과 확신을 가지고 하나님께 나아감을 얻느니라" 엡 3:12

불확실한 시대에 가장 확실한 한가지는 하나님만이 나를 구원하시며 나를 더 깊은 평안한 곳으로 인도하신다는 것입니다. 큰 배가 접안할 때 항구에 도착했다고 해서 다 온 것이 아닙니다. 안전하게 접안하기 위해서는 작은 배들의 도움이 필요합니다. 도선사들이 이때를 위해 존재합니다. 도선사들의 역할은 큰 배를 항구까지 인도하는 것입니다.

그래서 거의라는 말에 속아서는 안 됩니다. 거의는 다 온 것이 아님을 늘 주의해야 합니다. 우리의 삶의 문제가 완전히 해결되기 위해서는 하나님의 도움이 필요합니다. 하나님은 우리에게 참된 위로와 평안을 누릴 수 있도록 성령님을 보내주셨습니다. 모두가 성령님의 인도를 받을 때 우리는 더 깊이 더 가까이 주의 보좌 앞으로 나아가 큰 평안과 안식을 누릴 수 있습니다.

DAILY THINKING

더 큰 평안과 안식이 기다리고 있습니다.

- 힘들고 지치는 순간, 나는 예배의자리에서 하나님의 위로와 평안을 경험해보았습니까?

- 거의 다 된 것 같았는데, 눈앞에서 기회를 놓치거나 실수를 저지른적이 있습니까?

- 나를 구원하시는 주님을 일상 속에서 만난적이 있습니까?

요한일서 2장 16절

이는 세상에 있는 모든 것이 육신의 정욕과 안목의 정욕과 이생의 자랑이니 다 아버지께로부터 온 것이 아니요 세상으로부터 온 것이라

07
마음이 굳어 버린 나

8 거짓되고 헛된 것을 숭상하는 모든 자는 자기에게 베푸신 은혜를 버렸사오나
9 나는 감사하는 목소리로 주께 제사를 드리며 나의 서원을 주께 갚겠나이다 구원은 여호와께 속하였나이다 하니라

요나는 고난 가운데 감사의 기도를 하나님께 올렸습니다. 그는 여전히 큰 물고기 배 속에 갇혀있는 상황입니다. 그럼에도 그는 감사했습니다. 고난 속에서 기도하고, 고난 속에서 감사를 찾는 모습은 요나의 기도가 참회의 기도인 것처럼 보입니다. 그러나 요나의 기도에는 무언가 중요한 것이 빠져있다는 것을 알게 됩니다. 그것이 무엇인가요? 요나는 여전히 자기 자신의 허물은 보지 못하고 있었습니다. 요나는 자신이 무엇을 잘못했는지, 자신의 불순종과 죄악이 무엇인지는 말하지 않고 있습니다. 왜냐하면, 요나는 지금 '죄를 숨기느냐? 고백하느냐?'의 양자택일의 선택지에 놓여 있기 때문입니다.

존 스토트 John Stott의 《너의 죄를 고백하라》에서 저자는 우리는 죄에 대하여 정직하게 직면해야 한다고 말합니다. 왜냐하면 기독교는 죄를 진지하게 다루며 죄에 대해 만족할 만한 치료책을 제시하는 이 세상의 유일한 종교이기 때문입니다. 요한일서 1장 8~9절의 말씀을 읽어보겠습니다.

> "만일 우리가 죄가 없다고 말하면 스스로 속이고 또 진리가 우리 속에 있지 아니할 것이요 만일 우리가 우리의 죄를 자백하면 그는 미쁘시고 의로우사 우리 죄를 사하시며 우리를 모든 불의에서 깨끗하게 하실 것이요"

어린 시절에는 어렵지 않게 북에서 보내는 선전물삐라을 볼 수 있었습니다. 그것을 가지고 있으면 사상에 물들게 됩니다. 무엇보다 전단은 소리 없는 폭탄과 같아서 사람의 심리를 흔들고 동요하게 하는 강력한 무기가 될 수 있습니다. 어느 순간 집 앞마당까지 깊숙이 들어온 삐라처럼 죄는 밤낮을 가리지 않고 우리의 삶에 스며들어서 마음을 뒤집어 놓고 생각을 파괴하고 사상과 신념을 다 조종해 버리는 것입니다. 그래서 죄는 절대로 갖고 있거나 수집하듯 모으고 있으면 안 됩니다. 죄가 드러나면 반드시 자백해야 하는 것처럼 우리의 죄를 사해주시는 주님 앞으로 나아갈 때 용서하심을 받을 수 있습니다. 그러나 죄를 숨기며 고백하지 않은 것은 하나님과의 관계에 올바르지 않은 행위입니다.

결국, 자신의 죄를 숨기는 자는 누구도 형통하지 못합니다. 우리의 죄를 드러내는 것은 고통스럽고 치욕스럽습니다. 그러나 하나님께로 가져오면 하나님은 우리의 죄를 용서하심으로 우리의 마음이 늘 새로워지고 하나님 앞에 진실한 자녀로 살아가게 합니다.

DAILY THINKING

하나님의 용서하심이 모든 일을 쉽게 한다.

1. 하나님 앞에 나의 죄를 자백하며 용서를 구한 적이 있습니까?

2. 하나님의 용서로 인하여 자유함을 느껴본 적이 있습니까?

요한일서 2장 16절

이는 세상에 있는 모든 것이 육신의 정욕과 안목의 정욕과 이생의 자랑이니 다 아버지께로부터 온 것이 아니요 세상으로부터 온 것이라

단순한 삶을 위한 요나의 법칙

1. 자기에게 집중하는 나!
   하나님께 집중하면 문제는 단순해진다.

2. 눈앞이 깜깜한 나!
   하나님이 함께하시면 어둠의 시간도 잠깐이다.

3. 인생에 눈을 뜨는 나!
   내가 낮아지면 문제도 작아진다.

4. 쉽게 꺼지지 않는 나!
   나의 연약함을 숨기지 않을 때 우리는 단순해진다.

5. 중력을 거스르는 나!
   바닥을 치면 더 이상 나빠질 일이 없다.

6. 구원자를 발견하는 나!
   더 큰 평안과 안식이 우리를 기다리고 있다.

7. 마음이 굳어버린 나!
   하나님의 용서하심이 모든 일을 쉽고 단순하게 한다.

단순한 삶을 위한 비결

　오늘날 많은 사람의 특징 중 하나가 자기중심적인 모습입니다. 자기중심적 삶은 다른 사람을 배려하지 않고 자기만 아는 이기주의와 다릅니다. 자기의 삶을 인정하고 존중하면서 동시에 서로 피해를 주거나 간섭하지 않습니다. 자기 생각을 존중받기 원하고, 자기 취향에 따른 선택과 결정사항을 존중받기 원합니다.
　이러한 자기중심적 태도는 인간 발달학 측면에서는 어린아이의 특징이라 할 수 있습니다. 어린아이의 심리는 모든 일에 자기가 중심이라고 생각합니다. 오늘날 젊은 청년세대는 1980년 이후 한국 사회에 유행을 일으킨 자존감 교육의 수혜자였습니다. 지금 청년세대의 부모는 과거 X세대라 불렸고 자녀교육에 진심이었습니다. 캥거루 맘, 헬리콥터 맘과 같은 비아냥을 들어도 내 자녀를 위해서라면 늘 최선을 다하고 아낌없이 사랑했습니다. 이러한 관심과 사랑을 받았던 세대가 오늘의 MZ세대 입니다. 이들이 자기중심적 태도를 갖는 것은 한국의 교육 문화 안에서 자연스럽게 자리 잡은 모습의 하나라고 생각합니다. 청년세대의 신앙을 연구하는 미국의 트웬지 교수는 개인의 선택이 중요시되는 자기중심적 문화의 영향으로 젊은 세대들이 점점 종교를 멀리하고 있다고 보았습니다.

영국의 작가 C.S 루이스는 《스크루테이프의 편지》라는 책에서 사단 마귀 원수들을 의인화하여 성도들을 어떻게 시험 들게 하고 영적 어려움에 빠지게 할까를 모의하는 내용을 소개하고 있습니다. 성도를 실족하게 하는 방법 가운데 하나가 자기에게 집중하도록 하는 것입니다. 자기 문제를 깊이 묵상하게 하고, 자기 생각을 고집하게 하고, 자기만족을 추구하여, 나에게 집중하게 하도록 했습니다. 그 결과는 참혹했습니다. 다른 사람과의 관계가 망가지고 남을 무시하고 남보다 나를 더 낫게 여기며, 자기를 더 중요하게 여기게 되었습니다. C.S 루이스는 자기중심적 태도가 성도를 넘어뜨리는 사단 마귀의 계략이라고 보았습니다. 이처럼 자기중심주의는 하나님을 중심으로 살아가는 우리의 신앙생활 속에서 반드시 극복해야 하는 과제입니다.

그러나 자기중심적 삶은 현대와 같이 복잡한 시대에서는 진짜 나의 모습을 매우 위축되어 보이게 만듭니다. 우리의 인생이 나의 중심에서 하나님의 중심으로 옮겨지며 이타적인 생각과 공동체를 지향하는 자세는 어른이 되기 위한 중요한 과제라고 생각합니다. 이를 위해서 내가 얼마나 자기중심적인지를 살펴보십시오. 위키하우 wiki How에는 자기중심적인 사람이 어떠한 특성이 있는지를 알 수 있습니다.

첫 번째. 자기중심적인 사람의 특성

다른 사람과 대화를 나누면서 내가 가장 많은 말을 하지는 않았습니까?

대화를 나누면서도 왠지 내가 지는 것 같고 다른 사람이 나를 종종 무시하는 것 같은 생각이 들 때가 있습니까?

대화 내내 지는 것 같은 마음에 우울하기도 합니까?

다른 사람의 평가를 부정적으로 생각할 때가 많습니까?

다른 사람이 칭찬받고 인정받을 때 마음이 불안하십니까?

이렇게 다양한 항목을 통해서 내가 얼마나 자기중심적인 사람이었는지 점검할 수 있습니다.

두 번째, 자기중심적 사람이 고쳐야 할 부분

자기중심적인 태도를 극복하기 위해 어떠한 자세를 가져야 하는지 생각하기 바랍니다.

자신을 향한 지나친 관심과 배려를 기대하지 않기

다른 사람에게 관심을 가지며 질문해보기

많은 시간을 다른 사람을 위한 봉사나 선교, 헌신과 희생의 자리로 나아가기

삶의 다양한 여건 속에서 먼저 양보해보기

다른 사람의 실수와 부족함을 이해하고 존중해주기

나보다 더 좋은 생각과 의견을 구해보기

죄의 본성으로 인하여 우리는 자기중심적 삶을 살아가려고 합니다. 그러나 우리 마음의 중심이 주님과 함께하시면 우리는 자기중심의 굴레를 벗어나 나보다 남을 더 생각하며 존중하는 어른이 될 것입니다.

세 번째, 자기중심에서 하나님 중심으로

우리는 다음과 같은 영적 훈련을 통해 우리 마음의 중심을 하나님께로 향하게 할 수 있습니다.

1. 하나님의 뜻과 계획은 무엇일까?

2. 하나님의 관심은 무엇일까?

3. 하나님은 무엇을 기뻐하실까?

4. 하나님은 어떠한 선택을 하실까?

1. 조금씩 알아가는 나
2. 자아를 해체하는 나
3. 마음을 키워가는 나
4. 결말을 기대하는 나
5. 더 넓은 세상에 눈뜨는 나
6. 유연한 세계관을 갖는 나
7. 정체감을 성취하는 나

4부

내 뜻대로 되지 않아 짜증이 나

요나 4장 1-11절

1 요나가 매우 싫어하고 성내며
2 여호와께 기도하여 이르되 여호와여 내가 고국에 있을 때에 이러하겠다고 말씀하지 아니하였나이까 그러므로 내가 빨리 다시스로 도망하였사오니 주께서는 은혜로우시며 자비로우시며 노하기를 더디하시며 인애가 크시사 뜻을 돌이켜 재앙을 내리지 아니하시는 하나님이신 줄을 내가 알았음이니이다
3 여호와여 원하건대 이제 내 생명을 거두어 가소서 사는 것보다 죽는 것이 내게 나음이니이다 하니
4 여호와께서 이르시되 네가 성내는 것이 옳으냐 하시니라
5 요나가 성읍에서 나가서 그 성읍 동쪽에 앉아 거기서 자기를 위하여 초막을 짓고 그 성읍에 무슨 일이 일어나는가를 보려고 그 그늘 아래에 앉았더라
6 하나님 여호와께서 박넝쿨을 예비하사 요나를 가리게 하셨으니 이는 그의 머리를 위하여 그늘이 지게 하며 그의 괴로움을 면하게 하려 하심이었더라 요나가 박넝쿨로 말미암아 크게 기뻐하였더니
7 하나님이 벌레를 예비하사 이튿날 새벽에 그 박넝쿨을 갉아먹게 하시매 시드니라
8 해가 뜰 때에 하나님이 뜨거운 동풍을 예비하셨고 해는 요나의 머리에 쪼이매 요나가 혼미하여 스스로 죽기를 구하여 이르되 사는 것보다 죽는 것이 내게 나으니이다 하니라
9 하나님이 요나에게 이르시되 네가 이 박넝쿨로 말미암아 성내는 것이 어찌 옳으냐 하시니 그가 대답하되 내가 성내어 죽기까지 할지라도 옳으니이다 하니라
10 여호와께서 이르시되 네가 수고도 아니하였고 재배도 아니하였고 하룻밤에 났다가 하룻밤에 말라 버린 이 박넝쿨을 아꼈거든
11 하물며 이 큰 성읍 니느웨에는 좌우를 분변하지 못하는 자가 십이만여 명이요 가축도 많이 있나니 내가 어찌 아끼지 아니하겠느냐 하시니라

01
쪼끔씩 알아가는 나

요나가 여호와의 말씀대로 니느웨로 나아갈 때 그곳은 사흘을 걸어야 할 정도로 큰 성읍이었습니다. 그 성읍에는 무려 12만 명이 살고 있었습니다. 그리고 그 성읍의 둘레는 무려 90km가 넘습니다. 그런데 요나는 사흘 동안 걸어야 할 성읍을 그저, 하루 동안 다녔다고 말합니다. 이것은 무엇을 의미할까요? 요나가 하나님의 말씀에 순종하되 끝까지 최선을 다하지 않았다는 것을 보여줍니다. 사람은 보통 걸음으로 한 시간에 4km를 걷습니다. 하루에 7시간을 걷는다고 하여 30km를 걸을 수 있습니다. 이러한 거리를 감안해 보면 요나의 순종은 절반에도 못 미치는 것이라 할 수 있습니다.

이것이 오히려 인간적인 요나의 모습이라 말하고 싶습니다. 마음 같아서는 늘 최선을 다해 순종하고 싶지만 실상 순종의 자리로 나아가면 시간이 없어서, 힘이 들어서, 바쁘기 때문에 그 일을 완벽하게 하지 못할 때가 많습니다. 이것은 우리가 완전하지 않다는 증거이며, 인간이 가진 불완전한 모습을 그대로 드러내는 모습이라 생각합니다. 하나님은 절반에 미치지 못하는 순종에도 요나를 나무라거나 책망하지 않습니다. 오히려 그 부족한 순종의 자세마저도 니느웨 백성을 구원하는 도구로 사용하십니다. 요나의 외침에 대한 놀라운 반응을 보십시오. 3장 5절입니다.

"니느웨 사람들이 하나님을 믿고 금식을 선포하고 높고 낮은 자를 막론하고 굵은 베옷을 입은지라"

하나님은 우리의 작은 순종일지라도 그 순종을 통해 위대한 일을 이루십니다. 성경을 보게되면 요나의 절반에도 못 미치는 순종에도 불구하고 니느웨 곳곳에서 회개가 일어나고 금식을 선포하고 니느웨의 왕까지도 죄를 뉘우치게 되었습니다. 결국, 니느웨 백성들이 부르짖으며 하나님께 기도할 때 그들을 향한 진노가 멈추게 되었습니다. 그렇습니다. 하나님은 우리의 순종이 온전한 100%의 순종이 아니고 선택적 순종 작은 순종 그리고 절반의 순종일지라도 반응하시며, 우리의 작은 순종을 귀하고 크며 값진 것으로 여겨주십니다.

하나님은 요나가 불순종하였다고 해서 그를 버리지 않았습니다. 하나님은 요나의 순종이 기대에 못 미치는 작은 순종일지라도, 하나님 믿고 따르는 삶이 가장 복되고 아름다운 것임을 알게 하십니다. 요나의 모습을 통해 청년들이 하나님이 어떠한 분인지를 배웠으면 좋겠습니다. 하나님께서 우리 한 사람을 하나님의 기준에 부합하지 않는다고 하여, 쉽게 버리지 않고 포기하지 않습니다. 우리가 불순종하면 할수록 우리에게 다시 찾아오십니다. 때로는 우리가 불순종 하더라도 다시 찾아와 주시고, 또한 우리의 순종이 절반에 못 미치는 순종일지라도 하나님은 절반의 순종, 선택적 순종에도 응답하십니다. 왜요? 그 작은 순종을 통해서라도 우리를 하나님의 권위 아래 두기 위해서입니다. 하나님은 주님의 권위 아래에 우리를 두기 원하시며 주님 안에서 보호해 주시고, 주님이 원하는 자리까지 이끌어 주십니다. 결국, 하나님은 요나를 통해 니느웨를 변화시키는 것이 목적이 아니라, 니느웨를 통해 요나를 변화시키고자 한 것이었음을 알게 됩니다.

파스칼의 팡세에는 이러한 글귀가 있습니다. '우리는 만사를 다 꿰는 보편적인 존재가 될 수 없다. 무엇에든 아직 알려지지 않은 부분들이 있으므로 날마다 조금씩 알아가야 한다'. 파스칼은 무언가를 다 알기보다 모든 것을 조금씩 아는 편이 더 낫기 때문이라고 말합니다. 사람은 한 번에 모든 것을 다 알 수 없습니다. 우리의 인생을 조금씩 그리고 천천히 음미하며 이해할 때 우리의 삶에 변화가 찾아오게 될 것입니다. 그러므로 우리를 한 걸음씩 옮기게 하는 그 하나님의 섬세한 손길은 우리에게 매우 중요하게 다가옵니다. 조금씩 생각과 방향을 주님께로 옮기게 하시는 그 하나님의 섬세함이 결국 우리를 변화시킵니다. 우리가 성숙한 어른으로 성장하기 위해서는 모든 것을 다 잘하기보다 모든 것을 조금씩 배우고 알아가고 모든 상황에서 잘하는 사람이 되기보다 한 가지를 끝까지 하는 사람이 되기를 바랍니다.

DAILY THINKING

작은 순종부터 시작하면 절대로 모호하지 않다.

- 신앙생활 가운데 주님께 드려진 나의 작은 순종은 무엇입니까?

- 올해, 하나님 앞에 순종하기로 결심한 것은 무엇입니까?

- 순종할 수 있는 힘은 무엇이었습니까?

빌립보서 2장 13절

너희 안에서 행하시는 이는 하나님이시니 자기의 기쁘신 뜻을 위하여 너희에게 소원을 두고 행하게 하시나니

02
자아를 해체하는 나

요나가 하나님의 말씀에 순종하여 니느웨로 가서 외쳤습니다. "사십일이 지나면 니느웨가 무너지리라" 요나는 하나님의 말씀에 순종하며 니느웨 성읍을 돌며 외쳤습니다. 요나의 짧은 외침에 순식간에 죄악이 가득한 니느웨가 요동치기 시작했습니다. 곧장, 니느웨 사람들은 하나님을 믿기 시작했으며 금식을 선포하고 높고 낮은 자를 막론하고 굵은 베옷을 입었습니다. 굵은 베옷이란? 자신의 아픔과 슬픔을 드러내는 의복입니다. 니느웨 백성뿐 아니라 왕이 보좌에서 일어나 굵은 베옷을 입고 재 위에 앉게 되었습니다. 하나님의 말씀에 순종하면 우리가 예상치 못한 이들이 일어납니다. 이미, 하나님은 구원의 드라마를 쓰시기 위해 니느웨 백성들의 회개를 준비하였는지도 모릅니다. 거기에 요나가 회개의 불씨를 댕기는 불쏘시개 역할을 했던 것이었습니다.

　이 대목에서 니느웨에 일어난 회개운동에 대하여 주목하고자 합니다. 니느웨에 회개운동이 일어난 것처럼 한국 교회사에 역사상 가장 큰 회개운동이 일어난 적이 있습니다. 그것이 평양 대부흥 운동입니다. 1907년, 1,500명이 모여 시작된 사경회에서 집회마다 통성기도에 이어 공개적으로 자신의 죄를 자복하는 시간을 갖게 되었습니다. 그 회개의 불씨가 1월 14일부터 시작하여 1월 20일, 그리고 2월 10일 평양 남산현 교회에서 열린 감리교연합사경회에서도 동일한 현상이 나타났습니다. 회개운동을 바라보았던 감리교의 무어 선교사님의 선교 보고에 따르면 1907년 평양에서 시작된 '평양 대부흥 운동'은 전국으로 확산하고 멀리는 광주와 대구에 이르게 되었습니다.

　이러한 회개운동의 불씨는 1903년 원산 지방에서 활동했던 하디 선교사로부터 시작하였습니다.[11] 그는 부흥 운동의 불길을 지핀 감리교 목회자였습니다. 그는 평양 대부흥 운동이 일어나기 직전 1903년 8월 원산에서 감리교와 장로교 선교사들과 함께 성경공부를 시작하였고 요한복음 14장을 중심으로 기도와 성령의 체험에 대한 토론을 이어가고 있었습니다. 피동적 자세로 있었던 하디 선교사님에게 갑자기 성령의 불이 떨어지며 강력한 성령의 임재를 체험하게 되었습니다. 그 후 하디는 주일 낮 예배 시간에 원산교회 회중 앞에 서며 자신의 죄악을 고백하기 시작했습니다. 그 모습은 한국 성도들에게 큰 충격을 가져다주었습니다. 이후, 원산에서 모이는 집회마다 여기저기서 공개 자복하는 회개운동이 일어나는 영적 갱신이 시작되었습니다. 니느웨에 회개운동이 시작된 것처럼 하디 선교사님의 거룩한 순종의 눈물은 한국 사회에 유례없는 회개를 일으키는 마중물이 되었습니다.

당대 수많은 사람이 공개 자복했던 죄의 내용들은 매우 심각한 것이었습니다. 자신이 저지른 살인, 간음 그리고 절도입니다. 그래서 공개 자복의 현장에는 경찰이 줄곧 출동하기도 했습니다. 더욱이 성도들은 흡연과 음주, 주술신앙과 같이 기독교 복음이 들어오기 전에 가졌던 무속신앙을 버리지 못한 채 신앙생활 해왔던 것을 고백했습니다. 이러한 뜨거운 회개운동을 통해서 당시 한국교회는 기독교 신앙에 입각한 윤리의식을 가질 수 있었고 내가 하나님 앞에 어떠한 사람인지, 얼마나 큰 죄인인지 자기 인식을 새롭게 하였습니다. 감리교 교회사 학자 이덕주는 초기 한국교회 회개운동이 한국의 근대 사회윤리 형성에 크게 기여했다고 말씀합니다.

청년의 삶에 회개운동이 일어나기를 기대합니다. 회개는 자신의 죄에 대해 슬퍼하며 자신의 죄를 인정하고 고백하는 것입니다. 우리는 죄 고백을 통해 완전히 죄가 떠난 상태를 이루려는 것이 목표가 아님을 알아야 합니다. 우리는 연약하여 늘 죄의 유혹 가운데 살아갑니다. 얼마든지 또 죄를 짓고 유혹에 빠질 수 있는 사람입니다. 하나님을 떠난 인간은 늘 자기중심적 생각을 하게 되고 자기애에 빠져 살아갑니다. 하나님 없이도 얼마든지 살아갈 수 있다고 착각하고 하나님을 의지하지 않아도 괜찮다고 하는 자기 위로를 하며 살아갑니다. 《회개의 기쁨》 저자 하재성은 이러한 인간의 모습을 바라보며 거짓된 전능감에 빠져사는 것이 가장 큰 죄라고 지적합니다. 전능감에 도취된 자기애적 성향은 온라인을 기반으로 하는 가상 세계 안에서 더욱 심화 되었습니다. 회개는 거짓 전능감의 환상을 버리게 합니다. 그리고 현실성 없는 자기애에서 빠져 사는 우리에게 진정한 자아를 되찾게 합니다.

회개는 거짓된 자아에서 벗어나게 하며 전능감에 도취된 자아를 해체하게 합니다. 건강한 자아의 성장을 원한다면 이제는 인간이 범죄할 수 있는 가능성에 집중하기보다 죄를 짓지 않도록 우리를 사랑하시고 돌보시는 하나님의 능력에 더 초점을 맞추면 됩니다. 우리는 스스로 나의 죄를 완전히 다 씻을 수 없습니다. 그래서 우리는 늘 주님 앞에 서서 회개의 시간을 가져야 합니다. 우리의 죄를 담당하시는 분은 오직 예수 그리스도입니다. 날마다 주님의 이름을 부르며 우리의 죄를 자백할 때 주님은 우리의 심령을 깨끗이 씻어주십니다. 그 결과, 우리는 죄를 민감하게 의식하게 되고 더 이상 하나님 앞에서 나의 죄를 숨기지 않게 됩니다. 이것이 참된 변화입니다. 이 모든 죄악을 아시는 하나님이 얼마나 마음이 아픈지를 생각해 보는 것, 그것이 회개의 시작입니다.

그러나 회개가 쉽지 않은 것은 회개를 통해 나의 부끄러운 과거가 드러나고 내가 너무 초라해질 것을 두려워하기 때문입니다. 이러한 저항 의식이 여전히 우리 가운데 살아 꿈틀거립니다. 그럼에도 오늘날 청년의 삶에 회개가 필요한 이유는 무엇일까요? 회개를 통해 자기 자신이 누구인지를 분명히 알게 하기 때문입니다. 회개를 통해서 나는 어떠한 사람인가를 알게 되고, 회개를 통해 예수님이 나를 위해 무엇을 하셨는지를 알 수 있습니다. 진짜 나의 모습과 하나님의 모습을 발견할 수 있는 것이 회개입니다. 우리는 회개를 통해 이전의 나는 해체되고 잃어버린 진짜 나의 모습을 되찾을 수 있습니다. 회개를 통해 거짓된 자아를 벗어버리고 진정한 자아, 주님 앞에 나는 죄인이며, 아무것도 아니었음을 철저히 깨달아야 합니다. 거짓된 자아 정체성을 해체하고 오직 하나님 안에서 참다운 자아를 형성해 나아갈 때 우리는 진짜 나와 거짓된 나 사이의 모호한 경계를 허물고 참된 정체성을 형성할 수 있습니다.

DAILY THINKING

하나님 앞에 솔직하면 더 이상 모호하지 않다.

- 하나님 앞에 솔직한 나의 모습은 무엇이었습니까?

- 진짜 나의 모습을 발견하기 위해 회개해야 할 것은 무엇인가요?

사도행전 3장 19절

그러므로 너희가 회개하고 돌이켜 너희 죄 없이함을 받으라 이같이 하면 새롭게 되는 날이 주 앞으로부터 이를 것이요

03
마음을 키워가는 나

1 요나가 매우 싫어하고 성내며
2 여호와께 기도하여 이르되 여호와여 내가 고국에 있을 때에 이러하겠다고 말씀하지 아니하였나이까 그러므로 내가 빨리 다시스로 도망하였사오니 주께서는 은혜로우시며 자비로우시며 노하기를 더디하시며 인애가 크시사 뜻을 돌이켜 재앙을 내리지 아니하시는 하나님이신 줄을 내가 알았음이니이다

요나는 사실 니느웨를 무척이나 싫어했습니다. 언제든지 북이스라엘을 침략할 수 있는 강대국이었으며 그곳은 전쟁에서 패한 사람들을 잔인하게 고문하는 것으로도 유명했습니다. 북한처럼 인권도 없으며, 중동의 탈레반처럼 잔혹한 만행을 일삼았습니다. 그런데 하나님은 요나를 통해 앗수르의 니느웨를 심판하지 않고 용서하겠다고 하십니다. 앞에서 살펴보았던 요나서 3장 10절은 이렇습니다.

"하나님이 그들이 행한 것 곧 그 악한 길에서 돌이켜 떠난 것을 보시고 하나님이 뜻을 돌이키사 그들에게 내리리라고 말씀하신 재앙을 내리지 아니하시니라"

요나가 화가 난 것은 하나님이 그를 용서하셨기 때문입니다. 요나는 아직 용서할 생각이 없는데 하나님이 먼저 용서해 주신겁니다. 니느웨가 하루아침에 아무 일도 없는 것처럼 되었기에 그것이 속상한 것입니다. 여러분도 이러한 상황을 맞이할 수 있습니다. 여러분이 친구와 싸웠습니다. 일방적으로 맞았습니다. 코피도 나고 상처도 생기고 코뼈도 부러졌습니다. 이빨도 빠졌습니다. 그렇게 얻어 맞고서 집에 왔습니다. 그래서 어머니가 화들짝 놀라며 친구 어머니에게 전화했습니다. 그런데 웬일입니까? 웃으면서 전화를 합니다. "어린 자식들이 다 저러면서 크는 거지요, 괜찮으니 크게 신경 쓰지 마세요."라고 먼저 말합니다. 정말 마음 좋은 사람처럼 쿨하게 용서해 주었습니다. 나는 맞은 것이 분하고 화가 풀리지도 않았는데 어머니가 먼저 친구를 용서해 준 것입니다. 아무 일도 없는 것처럼 되어버린 상황에 끝까지 화가 치밀어 오를 것입니다.

요나는 기도하였고 순종하였습니다. 그러나 다시 하나님을 원망합니다. 자기 마음대로 되지 않았기 때문입니다. 용서도 내가 먼저 해야 하고, 마음도 내가 먼저 풀어야 하고, 좋은 것도 내가 먼저 해야 하고, 그렇게 하지 못할 때 화가 치밀어 오르는 것입니다. 요나의 성내는 모습을 보면서 우리는 요나의 옛 모습으로 다시 돌아가는 것 같습니다. 이처럼 우리는 용서해야 하는 상황에서 다시금 옛 자아로 돌아가게 됩니다.

사실 요나는 4장 2절 말씀에 보듯, 하나님이 어떠한 분인지 알고 있었습니다.

> "주께서는 은혜로우시며 자비로우시며 노하기를 더디하시며 인애가 크시사 뜻을 돌이켜 재앙을 내리지 아니하시는 하나님이신 줄을 내가 알았음이니이다"

오늘 우리의 삶에도 이러한 일들이 많이 벌어집니다. 머리로는 알고 있으나 여전히 마음으로 받아들이지 못하는 상황입니다. 머리로는 하나님이 어떠한 분인지 알고 하나님의 뜻이 늘 선한 것을 알고 살아가면서도 늘 현실 속에서는 그러한 상황이 쉽게 받아들여지지 않아 마음에 어려움이 있고 낙심되는 일들이 가득합니다. 머리로는 용서해야 하는 것을 알겠지만 마음은 다른 데 있고 행동이 따라오지 않습니다. 이것은 오늘날 많은 신앙인이 가진 모호성의 문제라 할 수 있습니다.

팀 켈러의 《용서를 배우다》에서 현대사회는 용서 없이 살아갈 수 없는 시대라고 말합니다. 결혼생활, 직장생활, 공동체 생활도 용서 없이는 지속될 수 없다고 말합니다. 용서하지 않고 살아가다 보면 우리의 몸과 마음 그리고 영혼이 피폐해지기 때문입니다. 그래서 팀 켈러는 용서의 주체는 내가 아니라고 말합니다. 용서는 내가 하는 것이 아니라 나를 통해서 하나님이 하시는 위대한 사역입니다. 우리는 하나님이 나를 통해 하시는 위대한 용서를 통해 이 세상의 갈등과 분열, 아픔과 상처를 극복할 수 있으며 몸과 마음, 말과 행동의 모호성으로부터 자유할 수 있습니다. 용서하지 못할 문제로 인하여 마음 아파하지 않기를 바랍니다. 하나님은 여러분의 몸과 마음을 통해 위대한 사역을 이루실 것입니다.

여전히 우리는 용서할 수 없는 상황을 만나면 요나처럼 분노할 수 있습니다. 나의 기준을 가지고 사람을 평가하고 정죄할 수 있습니다. 그러나 성령께서 우리 가운데 함께하실 때 우리가 원수를 향해 품었던 정죄와 날카로운 기준은 사라지게 되고 하나님이 주신 마음으로 서로를 품을 수 있게 될 것입니다. 인생의 모호함도 사라지게 된 것입니다.

여러분들이 먼저 다가가 손을 내밀며 마음을 열어 용서할 수 있는 성숙한 그리스도인이 되기를 바랍니다. 여러분들이 수많은 영혼을 품을 수 있는 아버지로서, 어머니로서 성장하며 자라기를 바랍니다.

DAILY THINKING

하나님은 우리를 통해 가장 크고 넓은 일을 시작하신다.

- 아직도 용서가 안 되는 사람은 누구인가요?

- 용서가 안 되는 이유가 무엇이었습니까?

골로새서 3장 13절

누가 누구에게 불만이 있거든 서로 용납하여 피차 용서하되 주께서 너희를 용서하신 것같이 너희도 그리하고

04
결말을 기대하는 나

성도는 오늘의 삶을 살아가면서도 현실의 부조리함과 불공정함, 그리고 부정과 부패를 탓하고 탄식하는 데서 멈추지 않아야 합니다. 더 나아가 부정한 삶을 거룩한 삶으로, 영원한 삶으로 변화시키는 소망을 품고 살아가야 합니다. 그래서 종말의 세계관을 가지고 살아가는 사람은 보는 '눈'이 다릅니다. 이들은 내가 원하고 바라지 않는 세상 속에서도 눈에 보이는 것이 전부가 아니라 더 크고 원대한 하나님의 구원계획이 있음을 바라보게 됩니다.

> "우리가 주목하는 것은 보이는 것이 아니요 보이지 않는 것이니 보이는 것은 잠깐이요 보이지 않는 것은 영원함이라" 고후 4:18

요나가 하나님을 원망하고 하나님의 얼굴을 피했던 이유가 무엇인가요? 소명을 받은 삶 가운데에서도 인생의 모호함을 피할 수 없었고 현실에서 답을 구할 수 없었기 때문이라 생각합니다. 급기야 요나는 깊은 바닷속으로 뛰어들었고, 지금 요나는 다시 한번 죽음을 이야기하고 있습니다. 젊은 MZ세대가 주의해야 할 것은 요나처럼 현실 상황 속에서 눈에 보이는 것에만 몰입하여 참고 견디지 못한다면 일터에서 하나님이 주신 소명을 쉽게 잃어버릴 수 있게 됩니다. 그러나 요나의 고백처럼 하나님이 노하기를 더디 하시는 분인 줄 안다면 그리고 인애가 크신 하나님임을 내가 알고 더 나아가 결국 용서의 하나님인 것을 내가 안다면 우리는 한 번 더 주님의 뜻을 구하며 기다릴 수 있을 것입니다.

머리로는 이해가 가지만 그럼에도 마음으로 받아들일 수 없는 모호함의 시대에 젊은이들이 가져야 할 세계관이 있습니다. 그것을 청년들에게 종말론적 세계관이라고 말했습니다. 인간이 사용할 수 있는 시간은 점점 줄어들고 있습니다. 점점 인생의 마지막 시간이 다가오는 것입니다. 그러나 우리가 살아가는 또 하나의 세계는 이와 반대입니다. 시간의 영향을 받지 않는 영원한 하나님의 나라가 있습니다. 그곳에서 인간이 사용할 수 있는 시간은 무한하며, 영원한 삶을 살아갈 수 있습니다. 성경은 종말의 시간이 오면, 이미 이 땅에 오셔서 승천하신 예수님이 다시 재림하여 영원한 나라의 왕으로 오신다고 설명합니다. 오늘 우리가 어떠한 세계관을 선택하는가에 따라 우리의 삶의 모습이 달라질 수 있습니다. 여러분이 이 땅에 소망을 두고 사는 것이 아니라 영원한 하나님의 나라에 소망을 두는 세계관으로 살아가기를 바랍니다.

폴 스티븐스는 《일 삶 구원》에서 말합니다. 상황이 힘들고 아무리 힘들어도 도망치지 않는 인내는 소망에서 온다고 말합니다. 그렇습니다. 청년 여러분! 조금 더 인내해야 합니다. 인내는 하나님이 주신 소명을 이루는 유일한 수단입니다. 인내함으로 조금 더 하나님께 귀 기울이며 약속의 말씀을 통해 구원의 때가 올 것을 기대하기를 바랍니다. 그 모든 과정을 통해서 하나님이 나를 왜 부르셨고, 택하셨음을 확신하게 될 것입니다. 우리의 머리로는 하나님의 계획을 다 알 수 없고 그 뜻을 파악하기는 쉽지 않습니다. 그래서 우리에게 필요한 것은 바로 인내입니다. 폴 스티븐스는 또 말합니다. '하나님은 우리를 무엇을 하도록 부르지 않으셨습니다. 하나님과 연합할 수 있도록 우리를 부르셨습니다.' 우리가 하나님의 뜻에 포개지고, 합쳐질 때까지 우리가 할 수 있는 것은 하나님의 나라에 대한 소망뿐입니다. 그 소망을 가지고 기다리는 것, 그것이 오늘날 필요한 삶의 자세입니다.

영화 벤허를 보신 적이 있습니까? 벤허에 대한 인상적인 장면이 있어 소개하고자 합니다. 많은 평론가에 의해 소개된, 영화의 가장 압권은 마지막 마차 경주 장면입니다. 이 장면을 찍기 전에, 벤허 역을 맡은 찰톤 헤스톤은 오랜 시간 열심히 마차 모는 법을 연습했다고 합니다. 그때 윌리엄 와일러 감독이 다가와 물었습니다. "이제 마차 타는 법을 잘 익혔나?" 벤허 역을 맡은 찰톤 헤스톤이 대답했습니다. "이제 마차는 제법 타겠는데, 경주에서 이길지는 모르겠군요!" 와일러 감독은 웃으면서 말했습니다. "걱정하지 마! 자네는 마차만 타고 달려! 내가 이기게 해줄게!" 와일러 감독은 각본에는 이미 벤허가 이기게 되어 있으니 너무 걱정하지 말라고 위로합니다. 그러나 마지막 경주과정에서는 벤허가 쉽게 이기지는 못했습니다.

주변에서 반칙을 써서 벤허를 채찍으로 가격하기도 합니다. 그래서 경주가 거의 패배로 끝나는 줄 알았습니다. 힘껏 달리는 경주에서 꼴지가 되기도 하고, 더 이상 달리지 못할 정도로 마차가 망가지기도 했습니다. 그러나 벤허의 각본은 결말이 정해져 있었습니다. 벤허가 1등을 하는 것입니다. 이것은 영화 속 이야기가 아닙니다. 오늘 우리의 모습과 같습니다. 하나님의 나라 비전을 품고 살아갈 때 이 땅의 현실은 만만하지 않습니다. 때로는 하나님의 나라를 살아가고 있는지 의심이 들 때도 있습니다. 이대로 살다가 망하는 것은 아닌지, 뒤처지고 도태되는 것은 아닌지, 매일 손해만 보고 사는 것은 아닌지 불안과 두려움이 찾아올 때가 있습니다. 그러나 여러분, 두려워하지 마십시오.

벤허의 주인공 찰스 헤스톤이 마차의 고삐를 늦추지 않고 계속 달린 것처럼, 여러분도 계속 기도하십시오, 여러분을 회복시키기 위한 하나님의 각본이 있기 때문입니다. 여러분의 인생 앞에 장차 완성될 하나님의 나라를 기대하며 각본대로 연출하시는 하나님께 소망을 두기를 바랍니다. 이것이 하나님의 나라 세계관을 가진 여러분에게 주어지는 위로의 모습이라고 생각합니다. 하나님 나라의 완성을 향한 멋진 각본이 예수 그리스도에게 있습니다. 우리는 그 각본대로 주님이 다시 오실 그 승리의 날을 기다리기만 하면 되는 것입니다.

우리는 나 중심의 세계관을 가지고 살아갑니다. 이것은 신앙생활에도 반영이 됩니다. 하나님은 나를 위해 존재하고 내가 세상의 중심에 서 있다는 것입니다. 그런데 이와 반대로 하나님 중심의 세계관은 모든 것이 하나님을 위해 존재한다고 말합니다. 모든 것이 하나님을 위해 만들어졌음을 인정합니다. 우리가 지켜야 할 세계관은 단 하나입니다. 하나님이 지으신 세상 속에서 죄로 인하여 하나님과 멀어진 관계를 예수그리스도로 회복하는 것입니다. 하나님의 계획을 신뢰하며 영원한 하나님의 나라에 소망을 두는 여러분이 되기를 바랍니다. 이 땅을 회복시키시는 위대한 하나님의 각본이 예수 그리스도에게 주어졌습니다.

DAILY THINKING

우리 인생은 잘 짜인 각본이다.

- 내가 쓰는 나의 인생의 결말은 무엇이라고 생각했습니까?

- 하나님이 쓰시는 인생의 결말은 어떠한 모습일까요?

시편 139편 16절

내 형질이 이루어지기 전에 주의 눈이 보셨으며 나를 위하여 정한 날이 하루도 되기 전에 주의 책에 다 기록이 되었나이다

05
더 넓은 세상에 눈뜨는 나

4 여호와께서 이르시되 네가 성내는 것이 옳으냐 하시니라
5 요나가 성읍에서 나가서 그 성읍 동쪽에 앉아 거기서 자기를 위하여 초막을 짓고 그 성읍에 무슨 일이 일어나는가를 보려고 그 그늘 아래에 앉았더라
6 하나님 여호와께서 박넝쿨을 예비하사 요나를 가리게 하셨으니 이는 그의 머리를 위하여 그늘이 지게 하며 그의 괴로움을 면하게 하려 하심이었더라 요나가 박넝쿨로 말미암아 크게 기뻐하였더니
7 하나님이 벌레를 예비하사 이튿날 새벽에 그 박넝쿨을 갉아먹게 하시매 시드니라
8 해가 뜰 때에 하나님이 뜨거운 동풍을 예비하셨고 해는 요나의 머리에 쪼이매 요나가 혼미하여 스스로 죽기를 구하여 이르되 사는 것보다 죽는 것이 내게 나으니이다 하니라

요나는 하나님께 말했습니다. "하나님 내 생명을 거두어 주세요. 저는 사는 것보다 죽는 것이 더 낫습니다." 하나님은 그러한 요나에게 다정하게 말씀하십니다. "요나야, 네가 그렇게 화내는 것이 옳은 일이니?" 하셨습니다. 하나님은 누구보다 요나의 성격을 아십니다. 요나의 본성을 아십니다. 요나가 쉽게 바뀌지 않을 것을 하나님은 다 알고 계셨습니다.

마이데일리 신문 기사에는 프랑스의 작가 장 드 라 퐁텐의 이야기가 실려 있었습니다. 그의 유명한 우화 가운데 전갈과 개구리라는 이야기가 있습니다. 내용은 이렇습니다. 개구리가 강을 건너려는데 헤엄을 치지 못하는 전갈이 옆으로 다가왔습니다. 전갈은 자

기는 수영하지 못하니 자기를 등에 태워주고 안전하게 건너가게 해 달라고 애원했습니다. 그때 개구리가 말합니다. 내가 너를 어찌 믿니? 넌 전갈이잖아. 네가 내 등 뒤에서 순식간에 독침으로 내 등을 찌를 수 있어 그럼 우리 둘 다 물에 빠져 죽게 될 거야. 그러나 전갈은 말합니다. 날 믿어줘 절대 나는 그런 짓을 안 해. 개구리는 마음이 약해져서 그 부탁을 들어주게 됩니다. 그렇게 사이좋게 강 중앙까지 건널 때에 갑자기 물이 불어나자 전갈이 놀라 개구리를 찌르게 되었습니다. 개구리는 왜 찌르냐고 말합니다. 그때, 전갈이 말합니다. "급한 마음에 나도 모르게 나의 본성을 어찌할 수 없었어." 자신도 죽을 걸 알면서도 찌르고 보는 것이 전갈의 특징입니다. 이처럼 지금 당장 눈에 보이지 않지만 숨겨진 본능은 무섭습니다.

요나의 본성이 바뀌지도 않은 것 같고, 아직도 어린아이와 같고, 투정을 부리는 것만 같습니다. 응석을 부리듯, 요나는 정말 하나도 바뀐 게 없는 것 같습니다. 세상의 수많은 부모가 청년들을 바라볼 때도 아마 이와 같을 것입니다. 여전히 어린애 같고, 투정만 부리고, 늘 마음이 하루에도 몇 번씩 바뀌는 모습을 볼 때 지치고 힘이 듭니다. 요나는 하나님의 마음을 아는지 모르는지 느닷없이 니느웨 성에 올랐습니다. 저 멀리서 니느웨를 용서하시는 하나님이 하시는 일을 보기 위해서입니다. 여전히 하나님 반대편에 서서 니느웨는 망해야 한다고, 니느웨는 용서해 주면 안 된다고 스스로 자기가 옳다는 것을 증명하고 싶었습니다.

요나가 이렇게 하나님을 시험하고, 하나님을 원망하는 그 순간에도 하나님은 요나를 위해 박넝쿨을 준비하셨습니다. 그 박넝쿨로 인하여 요나는 뜨거운 햇볕을 피할 수 있었습니다. 아무것도 아닌 박넝쿨에 불과했지만, 요나는 하나님의 세심한 돌봄에 금세 마음이 풀어졌습니다.

> "하나님 여호와께서 박넝쿨을 예비하사 요나를 가리게 하셨으니 이는 그의 머리를 위하여 그늘이 지게 하며 그의 괴로움을 면하게 하려 하심이었더라 요나가 박넝쿨로 말미암아 크게 기뻐하였더니" 요나 4:6

하나님은 요나가 화를 내기보다 하나님으로 인하여 기뻐하기를 원하십니다. 하나님은 우리가 하나님으로 인하여 기뻐하고 즐거워할 때 가장 큰 영광을 받으십니다.

하나님이 요나에게 박넝쿨을 보내주신 이유가 무엇일까요? 니느웨가 구원을 받고 안 받는 것보다, 하나님에게는 요나 한 사람이 중요했기 때문입니다. 하나님은 박넝쿨 하나만으로도 요나의 환경을 바꾸시고 마음을 변하게 하시며 생각과 마음을 더 긍정적인 쪽으로 변화시켜 주십니다.

그런데 그것도 잠시일 뿐 하나님이 이번에는 벌레를 예비하여 박넝쿨을 갉아 먹게 하셨습니다. 그때 요나의 반응은 무엇인가요?

요나는 뜨거운 햇빛과 동풍으로 인하여, 마음이 혼미해지고 괴로워졌습니다. 스스로 죽기를 구하며, 급기야 '사는 것보다 차라리 죽는 게 낫다'라고 말합니다.

우리는 요나를 보면서 감정을 스스로 통제하지 못하는 어린아이와 같은 모습을 보게 됩니다. 그러나 문제의 원인을 사람에게서 찾는 것도 중요하지만, 이러한 감정의 기복은 결국 우리가 하나님을 더 깊이 알지 못하기 때문에 일어나는 현상이라고 생각합니다.

그래서 청년들에게 하나님의 선하심을 묵상하라고 가르치는 것이 중요합니다. 하나님의 성품 가운데 우리는 하나님의 전능하심, 성실하심, 예비하심, 따뜻하심, 그리고 하나님의 인도하심, 이렇게 자주 하나님의 성품을 묵상하면 정말 놀라운 일들을 경험하게 됩니다. 가끔 저에게도 찾아오는 기쁨과 즐거움 그리고 동시에 엄습하는 불안과 두려움, 우울함이 찾아올 때가 있었습니다. 그때마다 하나님의 성품을 묵상했습니다. 하나님의 선하심을 생각했습니다. 그 선하심 앞에 제 마음을 정돈할 수 있었고, 마음에 질서를 잡고 평안함을 얻을 수 있었습니다.

DAILY THINKING

하나님의 성품을 묵상하면 우리는 일관성을 갖는다.

- 변하지 않는 하나님의 속성은 무엇인가요?

- 하나님으로 인하여 크게 기뻐하며 감사한 경험이 있나요?

- 내가 끝까지 하나님을 신뢰할 수 있는 이유는 무엇인가요?

에베소서 3장 12절

우리가 그 안에서 그를 믿음으로 말미암아 담대함과 확신을 가지고 하나님께 나아감을 얻느니라

06
유연한 세계관을 갖는 나

> 9 하나님이 요나에게 이르시되 네가 이 박넝쿨로 말미암아 성내는 것이 어찌 옳으냐 하시니 그가 대답하되 내가 성내어 죽기까지 할지라도 옳으니이다 하니라
> 10 여호와께서 이르시되 네가 수고도 아니하였고 재배도 아니하였고 하룻밤에 났다가 하룻밤에 말라 버린 이 박넝쿨을 아꼈거든
> 11 하물며 이 큰 성읍 니느웨에는 좌우를 분변하지 못하는 자가 십이만여 명이요 가축도 많이 있나니 내가 어찌 아끼지 아니하겠느냐 하시니라

지금 요나는 죽고 싶다는 것인가요? 아니면 살고 싶다는 것인가요? 요나는 박넝쿨 하나 때문에 활짝 웃으며 즐거워하기도 하고 슬퍼하며 성내고 죽고 싶다고까지 말합니다. 요나는 아주 작은 박넝쿨 하나에 자신의 인생 전체를 비관적으로 바라보고 있습니다. 그때 하나님은 9절의 말씀에 "네가 이 박넝쿨로 말미암아 성내는 것이 어찌 옳으냐" 물었습니다. 하나님의 지적은 요나가 매우 감정적으로 극단으로 치우쳤기 때문이었습니다. 기쁘고 즐거운 상황에서 갑자기 죽고 싶은 마음이 든다는 것은 하나님이 보기에 매우 안타까운 모습이었습니다. 저는 이러한 요나의 모습을 보면서 죽고 싶지만 살고 싶은, 그리고 살고 싶지만 죽고 싶은 애매모호한 태도를 갖고

있는 오늘날의 청년들에게 근본적인 대안을 들려주어야겠다고 생각하였습니다. 모호한 상황 속에서 우리가 삶에 대하여 분명한 태도를 가질 수 있는 유일한 희망은 하나입니다. 그것은 여러분을 향한 하나님의 계획은 절대 모호하지 않다는 것입니다.

왜 우리의 삶이 애매하고 모호할까요? 그것은 하나님의 나라 시간표 안에서 우리가 이미Already와 아직Not yet사이의 긴장 가운데 있기 때문입니다. 아래의 그림을 보면, 오늘 우리가 놓여진 위치는 애매하고 모호한 지점입니다.

2000년 전 예수그리스도의 오심초림으로 인하여 이 땅에 이미 하나님의 나라가 시작되었습니다. 세례침례요한은 예수의 오심을 알리며 회개하라 천국이 가까이 왔다고 선포했습니다. 하나님의 아들이신 예수님이 인간의 몸을 입은 성육신 사건은 이 땅에 도래한 하나님의 나라가 무엇인지를 보여주셨습니다. 병든 자를 고치시며 진정한 안식과 평안을 주셨습니다. 그리고 친히 자신의 몸으로 우리

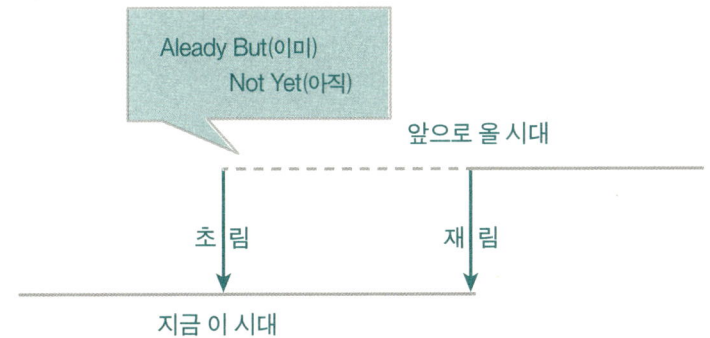

의 죗값을 치르사 십자가에 달려 돌아가셨습니다. 많은 사람은 예수의 죽음을 가리켜 모든 것이 끝났다고 말합니다. 그러나 아직 하나님의 나라는 완성되지 않았습니다. 예수님은 부활하여 40일 만에 하늘로 올라가셨습니다. 그리고 다시 오시겠다고 말씀하셨습니다. 하늘로 승천하신 예수님이 재림하시는 그날, 세상의 고통과 죄와 사망은 완전히 떠나가고, 하나님이 다스리며 통치하는 나라가 완성될 것입니다.

이미와 아직 사이의 긴장 가운데 하루하루 긴장 속에 예측할 수 없는 불안의 시기가 길어지고 있습니다. 장기간 경기침체와 낮은 취업률, 인간관계에 있어 소통의 단절과 같은 고난의 시간을 보내고 있습니다. 이미 하나님의 나라가 시작되었다고 하지만 오늘날 청년의 삶 가운데 진정한 삶의 평안을 누리지 못하고 살아가고 있는 상황입니다.

아직 하나님의 나라가 완성되지 않았기에 여전히 인간 고난을 피할 수 없습니다. 하나님은 그 고난을 마치기까지 믿음으로 견디는 자에게 상급을 주시며 기업을 주시겠다고 약속하셨습니다. 또한 하나님은 우리를 이 땅에 당신의 자녀로 부르셔서 하나님의 나라 완성을 위해 끝까지 믿음으로 하루하루를 견디며 살아가는 산 소망이 우리에게 있기를 원하십니다. 그래서 청소년 후기에서 성인기에 이르는 성인진입기는 앞으로 다가올 영광스러운 하나님의 나라 완성을 위한 순례의 시간이며, 하나님의 나라 소망을 가지고 앞으로 나아가는 중요한 여정입니다. 매 순간 쉽지 않은 고달픈 시간일지라도 끝까지 믿음으로 견디며 버티는 삶을 통해 우리는 믿음의 길을 천천히 걸어가는 진정한 순례자가 될 것입니다.

우리를 향한 하나님 나라 계획은 절대 모호하지 않습니다. 주님이 다시 오시면 완전한 구원이 성취될 것이며 우리를 향한 계획은 다 이루어질 것입니다. 그래서 이러한 모호한 삶의 긴장을 풀 수 있는 유일한 비결은 이미와 아직 사이에서 끝까지 예수님께 집중하는 것입니다. 예수님은 여러분에게 무한한 사랑을 부어주시며 우리의 죄를 다 씻도록 자신이 직접 십자가에 달려 죄의 값을 치렀습니다. 나를 향한 구체적인 계획을 세우고 계신 하나님이 나를 떠나지 않고 세상 끝날까지 함께하실 것을 믿으시기를 바랍니다. 그래서 저는 요나서 가장 마지막 말씀이 이미와 아직 사이를 살아가는 우리에게 주시는 귀한 말씀이라고 생각합니다. "내가 어찌 아끼지 아니하겠느냐?"

여러분을 향한 하나님의 계획은 절대 모호하지 않으십니다. 청년들이 어른이 되기까지 동반자가 되어주시고 파트너가 되어주십니다. 주님이 여러분의 가장 훌륭한 멘토요 교사가 되어주십니다. 주님이 완성하실 하나님의 나라가 오고 있음을 믿으시기를 바랍니다. 그리고 어떠한 상황이든지 유연하게 대처할 수 있기를 바랍니다. 요나는 뜨거운 태양을 가려주던 박 넝쿨을 벌레가 갉아 먹자 쉽게 화를 냈습니다. 그런데 아무리 뜨거운 태양이라고 해도 그것은 시간이 지나면 사라지는 것입니다. 때로는 뜨거운 햇빛 아래에서 기다리고 견디는 시간도 우리에게 필요합니다. 진정한 어른이 되고자 한다면 문제를 껴안고 잠시 기다려보는 자세를 갖기 바랍니다.

신호등 효과라고 있습니다. 신호등 앞에 차가 여러 대 서있습니다. 최고급 차, 택시, 버스, 오토바이, 전기차 등 다양한 차들이 적색 신호등 앞에서 기다리고 있습니다. 신호가 바뀌면 최고급 스포츠카가 쏜살같이 달려갑니다. 그리고 승용차, 버스 오토바이가 달려갑니다. 그런데 놀라운 일이 벌어집니다. 다음 신호등에서 모두 다 약속한 듯이 만나게 됩니다. 이것이 신호등 법칙입니다. 느리게 가든, 빨리 가든, 편하게 가든, 불편하게 가든, 우리는 모두 다음 신호에서 만나게 됩니다. 종말의 때는 바로 이러한 것입니다. 마지막의 때에 모두가 같은 운명에 처해있습니다. 하나님이 약속하신 심판의 때에 모이게 되고, 모두가 하나님이 정해놓은 정지선에 서게 되고, 주님 앞에 정렬하게 되는 날이 우리 모두에게 오는 것입니다. 그 안에서 크고 작음이 무엇이 중요하며, 많이 가진 것과 적게 가진 것에 무슨 차이가 있겠습니까? 우리는 결국 같은 운명을 맞이하게 된다는 것을 알아야 합니다. 그래서 지금보다 나중을 생각해야 합니다. 내가 먼저 목표를 이루었다고 자랑할 것이 없습니다. 내가 먼저 성공하고 승리한다고 해서 교만해서는 안 됩니다. 결국엔 다 만나게 됩니다.

또, 뒤처져 마음이 낙심된다고 하여도 포기해서도 안 됩니다. 다 만나게 됩니다. 더욱이 내가 통제할 수 없는 상황에 대하여 조바심을 내어 급히 판단하지 말고, 그 문제를 바라보시는 하나님과 함께 서 있기를 바랍니다. 불안과 두려움으로 내일을 알 수 없는 상황 속에서 우리가 오늘도 성실히 주님 안에 머물 때 우리는 성인진입기 Emerging Adulthood라는 길고 긴 시간을 하나님과 함께 통과할 수 있을 것입니다.

DAILY THINKING

하나님의 나라는 분명하고 구체적이다.

- 애매모호한 상황에서 하나님의 뜻을 구한 적이 있나요?

- 이미와 아직 사이에 내가 겪는 고통은 무엇인가요?

- 이미와 아직 사이에 겪는 고통을 이길만한 힘은 무엇인가요?

빌립보서 1장 20절
나의 간절한 기대와 소망을 따라 아무 일에든지 부끄러워하지 아니하고 지금도 전과 같이 온전히 담대하여 살든지 죽든지 내 몸에서 그리스도가 존귀하게 되게 하려 하나니

07
정체감을 성취하는 나

> 10 여호와께서 이르시되 네가 수고도 아니하였고 재배도 아니하였고 하룻밤에 났다가 하룻밤에 말라 버린 이 박 넝쿨을 아꼈거든
> 11 하물며 이 큰 성읍 니느웨에는 좌우를 분변하지 못하는 자가 십이만여 명이요 가축도 많이 있나니 내가 어찌 아끼지 아니하겠느냐 하시니라

지금은 그 어느 때보다 건강한 자아 정체성을 갖기가 쉽지 않은 시기입니다. 요나서 4장 11절의 마지막 말씀처럼 지금 이 시대는 혼란의 시대이며 좌우를 분변하지 못하는 자가 수도 없이 많습니다. 이 시대에 진정한 어른이 되는 것은 직장을 갖거나 결혼을 하거나 육아를 한다고 저절로 이루어지는 것이 아닙니다. 건강한 좌우를 분변할 수 있는 자아를 갖는 것이 어른의 참된 모습이라 할 수 있습니다. 그래서 요나처럼 자기 인생의 고민과 탐색에 게으르지 않았으면 합니다.

사회적으로 변동성, 불확실성, 복잡성과 모호성의 시대에 경제적 위기가 장기화 하면서 취업이 어려워지고 결혼의 문제까지 인생

의 위기로 다가왔습니다. 8, 90년대 만해도 주어지던 인생의 수많은 과제는 청년들에게 기회를 보장했지만, 이제는 기회마저 사라진 위기의 시대를 살아가고 있습니다. 오늘의 20대는 과거의 20대와 달라야 합니다. 새롭게 전략을 세우고 성인진입기를 어떻게 보내야 할지를 계획해야 합니다. 아무리 노력하고 애쓰고 수고 하여도 우리가 원하는 그때 취업이 되리라 장담할 수 없기 때문입니다. 그래서 성인진입기Emerging Adulthood의 시기, 진정한 어른으로 거듭나도록 한 가지 인생의 중요한 과제에 집중 했으면 합니다. 그것이 바로 정체성 형성을 위한 탐색의 시간입니다. 즉, 청년 세대는 지금이야말로 건강한 자아 정체성을 형성하는 데 집중해야 합니다. 왜냐하면 내가 누구인지를 분명하게 하는 정체성이야말로 VUCA시대에 살아남을 수 있는 유일한 비결이 되기 때문입니다.

정신의학적 근거에 따라 오늘날 SNS를 통한 비대해진 자아와 온라인 가상세계와 현실의 인지 부조화는 청소년 및 청년기에 매우 심각한 정신적 질병을 일으킬 수 있습니다. 아무리 온라인상에서 많은 지지와 관심을 받더라도 그것은 진짜 나의 모습이 아니기에 지금 아픈 시기를 보내고 있는 것입니다. 심리적으로는 온라인에서 비대해진 자아감으로 만족을 누릴 수 있어도 우리의 뇌는 속일 수 없습니다. 과장된 자아감은 언제라도 무너질 수 있고 흔들릴 수 있기에 거짓된 자아 정체감을 버리고, 새로운 정체감을 형성하는 것이 청년의 삶에 매우 중요합니다. 온라인에서 가공된 자아, 경쟁에서의 성취로 만들어진 부풀어진 자아감은 영원한 만족을 줄 수 없다는 사실을 꼭 명심하기를 바라며 아래의 단계별 과정을 밟아가면서 주님 안에 참 '자아'를 발견하며 건강한 정체성 형성을 이루어 가기를 바랍니다.

자아 정체성의 형성 4과정

1단계: 회개, 부풀어진 자아를 깨뜨리는 시간

우리 내면의 비대해진 자아는 거짓된 정보, 세상 가치관에 의해 형성되어 있습니다. 이러한 자아를 해체하는 유일한 수단은 바로 '회개'입니다. 회개는 주님 앞에 내가 진정 누구였는지를 깨닫게 합니다. 회개 기도를 통하여 내가 죄인이었음을 깨달아야 합니다. 그리고 내가 하나님을 주인으로 삼지 않고 왕처럼 군림했음을 뉘우쳐야 합니다. 나 중심적으로 살아왔던 과거의 모습을 주님 앞에 회개하며 나아갈 때 주님은 부풀어진 자아를 부수고 새로운 영적 자아로 거듭나게 하여 주십니다. 세상에서 느꼈던 만족감은 무엇이었는지, 내가 다른 사람과의 비교를 통해 얻었던 우월감은 무엇이었는지, 하나님이 없이 내가 모든 것을 할 수 있었던 전능감이 무엇이었는지, 그리고 세상에서 나를 전시하며 스스로 과시하는 가운데 겪었던 우울감을 고백하며 회개하는 시간을 갖기를 바랍니다. 회개의 시간을 통해 인생의 참된 나를 발견하며, 동시에 진정한 인생의 목적을 발견함으로써 생각의 변화와 태도 그리고 세상을 바라보는 시각이 달라질 것입니다

1. 정체성 형성을 위한 기초 토대는 진짜 "나"를 발견하는 것입니다. 회개는 하나님 앞에서 나를 마주하게 합니다.

2. 한 주간 기도의 시간을 통해, 거짓된 나, 우울한 나, 비참한 나, 꾸며낸 나의 모습을 회개하며 진짜 나를 만나기를 바랍니다.

3. 나를 구성하고 있는 세상의 것은 무엇인가요? 세상에서 내가 따르던 우상, 세상의 가치관, 성공을 위한 목표를 내려놓기를 바랍니다.

4. 거짓된 나의 실체를 폭로하고, 주님의 자녀로 거듭나기를 바랍니다.

회개(가짜 정체성 해체)
주님 안에서 진정한 '나'를 발견!

2단계: 새로운 자아를 형성하는 시간

하나님은 어떠한 상황 속에서도 늘 아낌없이 나를 사랑하시는 유일한 분입니다. 예수님은 여러분에게 무한한 사랑을 부어주시며, 우리의 죄를 다 씻도록 자신이 직접 십자가에 달려 죄의 값을 치르셨습니다. 예수님이 나에게 주신 생명이 내가 어떠한 가치를 가졌는지를 드러나게 했습니다. 예수님 안에서 나를 보기 바랍니다. 예수님의 사랑을 통해 내 삶의 가치가 높아지게 되었습니다. 그러므로 나를 사랑하는 기준은 더 이상 다른 사람과의 비교나 경쟁이 아닙니다. 또한 내가 무엇을 성취한다고 하여 내가 나를 더 사랑할 수도 없습니다. 나를 사랑하는 것은 오직 예수님의 사랑뿐입니다. 그러므로 우리의 정체성은 오직 예수님 이십니다. 예수님이 내 삶의 정체성이 되어주실 때 더 이상 사람들 앞에서 나를 증명하지 않아도 됩니다. 하나님이 여러분을 이미 증명하셨기 때문입니다. '너는 내 자녀다', '너는 내 아들이다', '너는 내 딸이다' 조건이나 자격을 묻지 않으시는 주님이 우리의 진정한 정체성이 되어주십니다. 죄의 문제를 해결해 주시는 주님이 우리를 부르십니다. 그 부르심에 응답하기 바랍니다.

십자가 사랑으로 용서받은 나,
부활의 능력으로 살아가며 부르심에 응답하기

3단계 : 삶의 위기의 순간, 고민하며 탐색하는 시간

성인 진입기에 진정한 어른이 되기 위해서는 내 인생을 위한 진지한 고민이 시작되어야 합니다. 인생의 가장 큰 질문은 나는 무엇으로 부르심을 받았는가에 답하는 것입니다. 이것이 1차 소명이며, 나는 어떠한 역할로 부르심을 받았는지를 아는 데까지 나아가야 합니다. 이것이 2차 소명입니다. 소명을 통해 우리는 하나님이 보여주시는 사명의 자리로 나아갈 수 있습니다. 그러므로 기도의 자리로 나아가 내 인생의 나침반이 되어주시고, 절대 좌표가 되어주시는 주님께 시선을 고정하여, 주님께 내 인생의 진로를 묻고, 주님께 나아가 내 삶의 문제를 내어 맡기는 청년 되기를 바랍니다. 주님은 우리의 기도에 응답하여 주실 것을 믿습니다.

1. 어른이 되어가는 첫 번째 단계는 위기 속에서 탐색과 고민을 시작하며, 하나님 앞에 나아가 기도하는 것입니다.

위기

탐색

고민

2. 나는 주님 앞에 신앙의 문제와 진로의 문제, 그리고 연애 및 결혼의 문제를 가지고 나아간 적이 있습니까?

그때 나의 기도 제목은 무엇이었습니까?

4단계: 성장을 위한 위대한 선택과 결정

건강한 정체성을 형성하기 위해 우리는 탐색과 고민의 시간을 마치고 위대한 선택과 결정의 자리로 나아가야 합니다. 모든 것을 주님께 내어 맡기며 주님께 헌신하고 순종하는 마음으로 결단을 내려 보기 바랍니다. 누군가의 강요가 아닌 기도로 맺어진 스스로의 결정을 내려 보기를 바랍니다. 이미 우리는 하나님의 자녀요, 건강한 정체성을 가진 하나님의 사람입니다. 하나님이 요나에게 하신 말씀처럼 내가 어찌 너를 아끼지 아니하겠느냐? 그 음성을 들으시며 용기를 내어 결정해 보기를 바랍니다. 주님을 믿는 믿음으로 용기를 가지고 결정할 때 하나님은 반드시 아름다운 열매를 맺게 하여 주실 것입니다.

> 1. 어른이 되어가는 두 번째 단계는 자기 삶의 문제를 기도함으로 주님의 뜻에 순종함으로 나아가는 것입니다.
>
>
> 관여
> 선택
> 결정
>
> 2. 하나님의 뜻을 구하며 내가 내린 판단 / 결정 가운데 가장 기억나는 것은 무엇인가요?
>
> 3. 하나님의 나라를 위한 나의 헌신과 수고를 기쁨으로 고백합니다.

성인진입기는 정체성을 형성해 나아가는 탐색의 시간입니다. 고민과 탐색에 머물다 보면 정체성의 유예기간이 더욱 길어지고, 고민도 없이 순간적 충동으로 선택과 결정을 내리게 되면서 정체성이 유실되기도 합니다. 무엇보다 고민도 없이, 선택도 없이 살아가는 정체불명의 청년이 되지 않기를 바랍니다. 우리는 VUCA시대를 불분명하게 살아갈 수는 없습니다. 하나님 안에서 새로운 자아 정체성을 가지고 기도하며 헌신과 순종의 자리로 나아갈 때에 우리는 이전보다 성숙한 어른이 될 수 있습니다. 우리는 모두 주님 안에서 '슬로우스타터'Slow Starter입니다. 가만히 서서 주님이 이루실 위대한 일을 기대하는 청년이 되기를 축복합니다.

DAILY THINKING

정체감이 분명하면 어떠한 상황에도 적응한다.

- 자기의 모습 가운데 가장 불만족스러운 모습은 무엇인가요?

- 가장 최근에 자괴감을 느끼거나 박탈감을 경험한 적이 있습니까?

- 어떠한 상황에서도 흔들리거나 불안하지 않는 자아를 형성하기 위해 필요한 것이 무엇이라고 생각하나요?

고린도후서 5장 17절

그런즉 누구든지 그리스도 안에 있으면 새로운 피조물이라 이전 것은 지나갔으니 보라 새 것이 되었도다.

유연한 삶을 위한 요나의 법칙

1. 조금씩 알아가는 나!
   작은 순종부터 시작하면 절대로 모호하지 않다.

2. 자아를 해체하는 나!
   하나님 앞에 솔직해지면 더 이상 모호해지지 않는다.

3. 마음을 키워가는 나!
   하나님은 우리를 통해 가장 크고 넓은 일을 시작하신다.

4. 결말이 기대되는 나!
   우리의 인생은 잘 짜인 각본이다.

5. 더 넓은 세상에 눈뜨는 나
   하나님의 성품을 묵상하면 일관성을 갖는다.

6. 유연한 세계관을 갖는 나
   하나님의 나라는 구체적이고 분명하다.

7. 정체감을 성취하는 나
   정체감이 분명하면 어떠한 상황에도 적응할 수 있다.

유연한 삶을 위한 비결

　2018년도에 백세희 작가가 쓴 책 《죽고 싶지만 떡볶이는 먹고 싶어》에서 작가는 평생, 기분부전장애라는 질병을 안고 살아가고 있습니다. 이것은 의학적으로 얕은 우울 상태가 계속되는 것을 의미합니다. 그래서 이 책의 내용 대부분은 우울증을 앓고 있는 작가가 의사와 나눈 상담내용으로 되어 있습니다. 저는 이 책을 읽으며 자기중심적 세대의 모습을 볼 수 있었습니다. 작가의 말을 조금 인용해 보겠습니다. 작가는 스스로의 삶에 대해 다음과 같이 말합니다.

　"나는 내 손에 들어오기만 하면, 평가절하하는 경향이 있다. 어려운 무언가를 해낼 때도 이쁜 옷을 입을 때에도 해내고 나면 이루고 나면 금세 힘을 잃었다. 소중하거나 사랑스럽지 않다. 문제는 그게 사람에게도 적용된다는 것이다. 상대가 나를 사랑하면 사랑할수록 상대가 지루해진다. 그러니 또 다른 사람을 찾고, 결국 누군가가 나를 좋아한다는 것 그 자체가 나에게 기쁨이나 만족을 주지 못한다. 내가 좋아하는 사람이 나를 좋아해 줘도 결국 절망하게 된다. 누군가가 나를 깊이 사랑해 줘도 절망뿐이다. 결국, 내가 나를 계속 갉아 먹는다!"

저는 이 책을 읽으면서 겉보기에는 멀쩡해 보이지만 내면은 곪아 있는 그리고 우울하지도 않고 행복하지도 않은 요나의 모습 그리고 청년세대가 떠올랐습니다. 그리고 저자는 이렇게 말합니다. "내가 바라는 거? 난 사랑하고 사랑받고 싶다. 방법을 모르기 때문에 괴로울 뿐이다." 저는 작가의 글을 통해 청년 세대의 솔직한 내면을 들여다볼 수 있었습니다.

오늘날 성인진입기를 보내는 청년들은 작가의 말처럼 불안과 두려움의 시기, 얕은 우울감이 가득한 시대를 살아가고 있습니다. 실제로 몇몇 정신 질환이 집중되는 시기가 청소년기에서 이른 성인기성인진입기입니다. 연구 결과에 따르면 10대 후반에서 40대 초반에까지 우울감이 지속되는 기분 장애가 발생한다고 밝혔습니다.[14]

정신의학에 따르면 기분장애는 사람의 생각과 감정 그리고 일상생활에 영향을 주는 우울장애와 양극성 장애를 포함하고 있습니다. 무엇보다 기분장애가 청년들에게 심각한 질병인 것은 사람을 가장 심각하게 무너뜨리는 병이기 때문입니다.[15] 요나는 박 넝쿨로 인하여 기분장애의 모습을 보였습니다. 뜨거운 동풍과 햇빛을 가려주는 박 넝쿨로 인하여 기뻐하였고, 잠시 후, 벌레가 박 넝쿨을 갉아 먹자 차라리 죽는 게 낫다고 말할 정도입니다. 우리 모두가 기분장애를 겪고 있는지 점검해 볼 필요가 있다고 생각합니다. 미국 정신의학의 [정신 질환의 진단 및 통계 편람]에는 우울증을 진단하는 다음과 같은 점검항목이 있습니다.

우울증 자가진단[16]

1. 거의 매일 무력감이나 짜증이 이어진다.
2. 평소 즐기던 활동에서 재미를 찾지 못한다.
3. 식욕이 감소하거나 증가한다.
4. 이유 없이 피로하거나 기운이 없다.
5. 마땅한 이유도 없이 무가치감이나 죄책감이 든다.
6. 집중하거나 책 읽는 능력이 떨어진다.
7. 반복적으로 죽음을 생각하거나 자살을 시도한다.

무엇보다 과장된 자아개념이나 거대한 자신감 같은 증상이 나타날 때, 주의산만과 집중력이 감소하고, 지나치게 예민할 때 기분장애를 의심해 볼 수 있다고 말합니다.[17] 그래서 정신의학자 수잔은 요나와 같이 기분 장애를 겪고 있는 이들을 위해 다음과 같은 말이 효과적이라고 합니다.[18]

"많이 힘들었겠구나", "난 언제나 네 편이야, 넌 혼자가 아니란 걸 알았으면 좋겠어", "시간이 좀 걸리더라도 기다려 보자", "괜찮아 잘될 거야"

이처럼, 지금 당장 필요한 것은 타인의 평가가 아닙니다. 따뜻한 사랑의 말 한마디가 필요한 것입니다. 그래서 우리는 다시금 하나님이 요나에게 하셨던 세미한 음성에 귀 기울일 수 있어야 합니다. "내가 어찌 아끼지 아니하겠느냐?"

그런데 청년들은 따뜻한 한마디를 들었다고 해서 그들의 삶이 완전히 변화되지 않습니다. 근본적인 문제해결을 위해서는 하나님을 더 깊이 알아가는 신학이 필요합니다. 성인진입기를 통과하면서 하나님은 나에게 누구이며, 나에게 하나님은 어떠한 분인지를 알아기야 합니다. 청년들의 삶에 신학은 심오하거나 철학적인 것이 아닌 일상이 되어야 합니다. 먼저 신학이란 우리의 삶에 다가오는 경이와 신비에서 시작됩니다.

백세희 작가가 책을 통해서, 자신은 죽고 싶지만, 떡볶이는 먹고 싶다고 말했습니다. 여기서 죽고 싶은데 떡볶이가 생각이 나는 것, 이것이 신비요, 경이입니다. 떡볶이로 인하여서 그 마음속에 살고 싶은 의지를 드러냈기 때문입니다. 하나님은 우리 눈에 보이지 않지만, 우리 각 사람에게 생에 대한 의지를 심어놓으셨고, 그것을 생각하게 하시고 '떡볶이' 하나만으로도 우리를 죽음에서 건지시는 분이십니다.

햇볕이 내리쬐는 가운데 하나님이 요나에게 박넝쿨을 보내주셨습니다. 갑작스럽게 찾아온 박넝쿨로 인하여 즐거운 마음이 드는 것은 신비이며, 경이로움 그 자체입니다. 갑작스럽게 떠오른 떡볶이를 통해서, 그리고 갑작스럽게 등장한 박넝쿨을 통해서, 우리는 하나님이 어떠한 분인지를 알아가게 됩니다. 그 과정에서 우리는 하나님에 대하여 감탄합니다. 저는 가끔 동해나 서해를 찾습니다. 끊임없이 밀려오는 파도를 바라보며 파도의 시작은 어디이며 밤낮으로 멈추지 않는 것을 보며 자연의 신비에 사로잡히게 됩니다. 그리고 그 순간, 저 보이지 않는 곳에 어떠한 원인이 있을 것을 생각합니다. 그렇게 그 원인을 찾다 보면 일관성 있게 작용하는 누군가의 힘이 있다는 것을 생각하게 되고 마침내 믿음의 도약이 일어나 모든 것의 시작이 하나님에게 있음을 깨닫게 됩니다. 파도뿐 아니라 낮이 가고 밤이 오는 것이며, 봄이 지나고 여름이 오며, 가을과 겨울이 오는 것도 경이롭습니다.

하나님은 내가 좋아하는 박넝쿨을 보내시는 분이며 내가 싫어하는 벌레도 보내시는 분입니다. 그분은 그분의 규칙과 방법대로 그분의 시간에, 그분의 계획대로 이 세상 만물을 움직이시며 다스리시는 분이십니다. 우리가 자연의 이치에 대한 신비감을 느끼듯, 하나님이 하시는 일에 대한 경이감을 가질 때에 우리의 시선은 지금 여기만을 바라보지 않고 더 유연한 삶의 태도를 가질 수 있습니다.

실제로 유연한 삶의 태도를 보여주는 대목이 '졌잘싸'라고 생각합니다. 많은 청년이 사용하는 단어 가운데 하나가 '졌잘싸'입니다. 졌지만 잘 싸웠다는 것입니다. 불확실하고 예측할 수 없는 불안한 상황에서 승리를 장담할 수 없을 때, 과정에 충실하였음에 만족하는 것입니다. 이제는 올림픽에 나가는 선수들이 메달을 따지 않아도 박수를 보내줍니다. 힘들고 어려운 순간, 최선을 다했기 때문입니다. 그것을 온 국민이 보았기 때문입니다.

오늘날 여러분의 수고와 노력은 점수로 환산할 수도, 메달의 색깔로 따질 수 없습니다. 십 년 전부터 등장한 각종 오디션에도 수많은 청년이 몰리고 있습니다. 누가 봐도 쉽지 않아 보이고 웃음거리가 될 것 같아 보여도 청년들은 도전하고 있습니다. 이들을 위해 한 단어를 고른다면 저는 '괜찮아!'라고 말해주고 싶습니다. '졌지만 괜찮아!', '힘들었지만 괜찮아!', '못했지만 괜찮아!' 객관적으로는 실력이 부족할 수 있습니다. 그러나 내 뜻대로 되지 않는 세상 속에서 이들을 바라보는 저의 마음은 졌지만, '괜찮다!'라고 말해주고 싶습니다. 그리고 저는 성공보다는 실패를 통해 다시 한번 도전하는 친구들이 늘 마음속에 남아있습니다. 이들도 점점 커가면서 힘들고 어려웠던 과정 하나하나가 인생의 독이 아니라 득이 되고 나만의 '답'이 될 것을 알기 때문입니다.

그러므로 하나님을 더 깊이 알아가기를 원하고, 더 알고 싶은 갈망이 움트기를 바랍니다. 애매하고 모호한 상황에서, 무엇 하나 확실하지 않은 상황일지라도 우리에게는 여전히 박넝쿨을 보내주시고, 벌레도 보내주시면서 우리를 홀로 두지 않으시는 하나님이 계십니다. 천천히 나의 인생을 탐구하며 내 삶을 향한 감탄이 시작될 때 더 이상 기분이 양극으로 치우치지 않을 것이며 천천히 어둠의 터널을 벗어나게 될 것입니다. 그리고 내 인생 그냥 그렇게 사는 것이 아니었음을 알게 됩니다. 모호한 인생 속에서 유연한 태도를 가지고 모든 상황에 잘 적응해 나아갈 수 있기를 바랍니다. 주님이 늘 함께하시며 참 성인이 되기까지 주님은 함께하실 것입니다.

아래의 글은 2001년 많은 인기를 끌었던 GOD의 "길"이라는 곡의 가사입니다. 저는 20년이 지난 상황에서도 이 곡의 가사를 볼 때마다 저의 청년 시절이 떠오르고 지금도 다르지 않은 청년의 삶을 생각하게 됩니다. 이 가사는 청소년기를 벗어나 성인이 되기까지의 과정에서 겪는 고민을 이야기하고 있습니다. 이 곡을 들을 때면 변동성과 불확실성, 복잡성과 모호성의 길을 걷는 이들의 마음을 느낄 수 있습니다. 20년이 지난 지금도 많은 청년은 내가 가는 길이 맞는 것인지, 이 길이 정말 괜찮은 길인지 갈 바를 알지 못한 채 걸어가고 있습니다. 내가 정작 하고 싶은 일을 하고 있는지, 아니면 부모가 원하는 길을 걷고 있는지 청년들은 그 길 위에 서 있습니다. 《청년 요나!》가 이 길을 지나가는 다음 세대에게 가이드 역할을 하기를 기대합니다.

내가 가는 이 길이 어디로 가는지

어디로 날 데려가는지 그 곳은 어딘지

알 수 없지만 알 수 없지만 알 수 없지만

오늘도 난 걸어가고 있네

사람들은 길이 다 정해져 있는지

아니면 자기가 자신의 길을 만들어 가는지

알 수 없지만 알 수 없지만 알 수 없지만

이렇게 또 걸어가고 있네

나는 왜 이 길에 서있나

이게 정말 나의 길인가

이 길에 끝에서 내 꿈은 이뤄질까

무엇이 내게 정말 기쁨을 주는지

돈인지 명예인지 아니면 내가 사랑하는 사람들인지

알고 싶지만 알고 싶지만 알고 싶지만

아직도 답을 내릴 수 없네

자신있게 나의 길이라고 말하고 싶고

그렇게 믿고 돌아보지 않고 후회도 하지 않고

걷고 싶지만 걷고 싶지만 걷고 싶지만

아직도 나는 자신이 없네

나는 왜 이 길에 서있나

이게 정말 나의 길인가

이 길에 끝에서 내 꿈은 이뤄질까

나는 무엇을 꿈꾸는가

그건 누굴 위한 꿈일까

그 꿈을 이루면 난 웃을 수 있을까

지금 내가 어디로 어디로 가는 걸까

나는 무엇을 위해 살아야 살아야만 하는가

나는 왜 이 길에 서있나 (왜 이 길을)

이게 정말 나의 길인가 (이게 정말 나의 길인가)

이 길에 끝에서 내 꿈은 이뤄질까

나는 무엇을 꿈꾸는가 (난 무엇을)

그건 누굴 위한 꿈일까

그 꿈을 이루면 난 웃을 수 있을까

미주

1. 현대문화의 관점에서 인간 발달을 연구한 제프리 아넷(Jeffrey Arnett)의 견해에 따르면 오늘날 청소년기와 성인기 사이에 성인 진입기라는 중간 단계가 있습니다. 제프리 아넷은 현대사회문화 안에서 청소년 후기와, 성인 초기의 중간과정이 성장의 중요한 발달과정이라고 설명합니다.
2. Jerome. Glenn,《세계 미래 보고서》박영숙 옮김, (서울: 비즈니스북스, 2020) 16.
3. 고재연, "산업화 세대→ 베이비부머→ X세대 → 밀레니얼 세대→ Z세대 세대별 …성장 배경과 소비 패턴·가치관이 모두 다르죠~"『한국경제』 2018년 10월 15일.
4. 386세대: 386세대의 경우 30대의 생애주기를 지나면서 80년대에 대학 생활의 사회적 경험, 그리고 60년대에 태어난 출생 동시 집단으로 본다. 이들은 사회문화적으로 비슷한 경험을 공유하면서 386세대 라고 하는 독특한 세대를 만들어 그들만의 가치관과 세계관, 그리고 정체감을 유지하고 있다.
5. 조광운,《과잉시대를 사는 그리스도인》(서울: CLC, 2022) 51.
6. 위의 책 64.
7. 한기채《너를 어떻게 포기하겠느냐?》(서울: 두란노, 2021). 52.
8. Anne Helen Petersen, 박다솜 옮김《요즘 애들》(알에이치코리아, 2021) 260.
9. 김현수외 5명 공저,《가장 외로운 선택》, (북하우스, 2022) 49
10. 위의 책, 49-51.
11. 이덕주《이덕주교수가 쉽게 쓴 한국 교회 이야기》(서울: 신앙과지성사), 149.
12. 플로팅 세대는 자신에게 맞는 선택지를 찾아 끊임없이 탐색하는 세대를 의미한다.

13 미국의 심리학자 조셉 루프트와 해리 잉햄이 1955년 제시한 내용으로 대인관계에서 내가 어떻게 보이고 어떠한 성향을 가지고 있는지를 파악할 수 있는 심리학 모델입니다.

14 Sara-jayne Blakemore, 《나를 발견하는 뇌과학》 이경아 옮김, (문학수첩, 2022) 25.

15 susan. J. Noonan, 《우울한 사람 곁에서 무너지지 않게 도움을 주는 법》, 문희경 옮김, (아날로그, 2022) 18.

16 위의 책, 29-30P

17 위의책, 55P.

18 위의책, 316P.